四维联动学数学

小学生数学思维发展100问

梁 青 著

中国海洋大学出版社

·青岛·

图书在版编目（CIP）数据

四维联动学数学：小学生数学思维发展 100 问 ／ 梁青著 . -- 青岛：中国海洋大学出版社，2023. 10

ISBN 978-7-5670-3645-1

Ⅰ. ①四… Ⅱ. ①梁… Ⅲ. ①小学数学课－教学法 Ⅳ. ① G623. 502

中国国家版本馆 CIP 数据核字（2023）第 182447 号

出版发行	中国海洋大学出版社		
社　　址	青岛市香港东路 23 号	邮政编码	266071
出 版 人	刘文菁		
网　　址	http://pub.ouc.edu.cn		
订购电话	0532－82032573（传真）		
责任编辑	林婷婷	电　　话	0532－85901092
印　　制	青岛国彩印刷股份有限公司		
版　　次	2023 年 10 月第 1 版		
印　　次	2023 年 10 月第 1 次印刷		
成品尺寸	170 mm ×240 mm		
印　　张	18. 75		
字　　数	301 千		
印　　数	1～4 000		
定　　价	69. 00 元		

序言
PREFACE

破茧成蝶的思维"点"化
卢浪秋

《四维联动学数学：小学生数学思维发展100问》一书，是梁青老师继《四维联动学数学：一位小学教研员30年深度教学手记》之后的第二部力作。我参与了本书编辑整理的全过程，深感这部书有价值，无论对教学还是辅导都尤为珍贵。如果说她的第一部著作是小学数学界飞出的一只美丽蝴蝶，从理论上推陈出新，为数学老师课堂教学提供了方法和指导，那么第二本书，则是实践中破茧成蝶的思维"点"化。在这本书中，她以问题为导向，为教师了解学情，为家长启发孩子提供了答疑解惑、促进数学思维发展的具体范例。

梁青老师从事数学教学和教研工作30多年，在实践中积累大量鲜活珍贵的教学手记。她精心筛选，从中摘取了100个数学学习中普遍存在的难点问题，有针对性地将其分成"迷知点惑""生活点趣""易错点睛""灵犀点通"4个问答板块。它如同一本百科全书，把社会科学、人文知识、生活情趣、教学心得融于一体，通过一问一答的形式，引发教师深度思考，点拨家长，启迪孩子，提升孩子对数理逻辑的悟性。

当读完这本小学数学"百科全书"，你会深切地感到，其中的每一"问"，都问得新奇独特，直击重点，让人看到标题就会眼睛一亮，有读下去的冲动；每一"答"，都答得透彻深邃，一语中的，让人读后如饮甘泉，回味无穷，学习中的疑难也迎刃而解。你看，开篇的第一问，就引人入胜："你的孩子知道为什么5小于7吗？"这个题目看似简单，作者猛然一问，便问出了一个值得深究的问题，直指数学学习的本质。因为"5小于7"的结论孩子在一年级就知道，而为什么"小于"？课本上没写过，练习题没做过，平时里没想过，不要说孩子，许多家长、教师也一时不知如何应答。但作者通过追问"为什么"调动孩子们的感官参与，深入浅出地解答，让人茅塞顿开。通过"刨根问底"，让孩子们在探究中，理解了抽象的数字"大小"和具体的数量"多少"的关系，加深了对数字的认识，初步了解了数学思想的"比较"方法论。试想一下，如果不去追问，那么孩子对这个问题的认识就仅停留在记忆层面。久而久之，就可能形成机械性的学习思维，遇到问题只追求结果，浅尝辄止。但作者追根寻源的问答，不仅能够激发孩子数理的思维灵感与兴趣，还能让孩子在潜移默化中逐步形成"联想性思维"和"比较性思维"。正如著名数学家傅种孙所言，理解数学是三重境界，知其然，知其所以然，知何由以知其所以然。本书的高明之处，也就在于启迪孩子、家长和教师多问一个为什么，不仅让孩子知其然、知其所以然，更要知何由以知其所以然。

数学源于生活又服务生活，生活中充满数学。作者从孩子们身边的生活实践引出数学问题，借助巧妙的方法和策略，在解决数学问题和实际问题的过程中，实现数学思维的逻辑性和灵活度的全面升华。她融汇孩子生活中的点滴精华，凝练成实用又有趣的解决方法，反映出数学本质的内在价值。通过"生活点趣"，让孩子感受到身边的数学趣味无穷，轻松地实现了家长、教师与孩子的心灵互动。例如，通过孩子搭床帐的经历，提出了"一次'搭床帐'，给孩子带来哪些'数学'的惊喜"之问，让孩子从动手操作中感受到数学的魅力；通过新闻报道中那些具有说服力的数字，提出了"如何跟着新闻学数学"的问题，将新闻转化成"有声有色"的数学学习资源；通过孩子跟着妈妈出国旅游的经历，提出了"你知道人民币到国（境）外有多'值钱'吗"的实际问题，让孩子从人民币的数值变化中，感受国家的快速发展；通过孩子去超市买东西的经历，提出了"你读懂了微信支付背后的'数字'吗"之问，让孩子不仅从用手机支付中感受技术进步，而且读懂了在货币交易的过程中"手机一刷"背后的"数字"。就低年级学生而言，数的概念学习往往是抽象的、枯燥的，当引入了生活故事时，枯燥的数学便变得灵动起来，知识建构就更为具体化、形象化，极大地提高了孩子学习的效率和主动参与的积极性。

在数学检测中,孩子做错题是最常见的问题,也是家长最头痛的问题。本书点出孩子做错的原因,提供了解决的办法。例如,有的孩子平时似乎学懂了,但一考试就出错。作者就以"孩子试卷上的错出在哪里?"为题,总结出"审题不清""计算失误""不拘小节""知识掌握不牢"等多个出错的原因,提出了有效的解决方法,读起来深受启发。有的孩子做完作业,不懂得自我检查的重要。作者总结出教育孩子检查作业保障正确率的6个要点和方式:促一促,启发孩子自我检查作业的主动性;点一点,注意检查全部作业的完整性;看一看,运算符号使用的精准性;对一对,使用单位名称的统一性;比一比,避免数学概念的混淆;验一验,判断答案的正确性等,通俗易懂,好记管用。

本书还针对教学实践中普遍存在的"忽视孩子主体性地位"的问题,提出了独到见解。作者认为,每一个教育者都应懂得,从孩子主体性出发,善待质疑、认真解惑在数学教学中的重要地位。有时候孩子冷不丁提出的一些看似不着边际的疑问,其实中间包含着儿童阶段特殊的思维方式和习惯。如果能够及时敏锐地从中发现孩子的灵感,解开孩子的心头疙瘩,其思维发展定会向前更进一步。当孩子们争论摩天轮到底是平移现象还是旋转现象时,作为一位有深厚知识沉淀和课堂驾驭能力的数学老师,作者让孩子说出自己的想法。孩子说:"你看,摩天轮在转,但坐在车厢里的人,不管转到哪里,他们的头总是朝上的,那些车厢不是在平移吗?"作者抓住这个课堂上生成的"火花",鼓励这个孩子说:"你很善于动脑筋,很了不起!"然后她告诉孩子们一个道理:"对问题的考察,在同一个事物上,从不同的角度去理解、认识,结论可能是不一样的。大家想到的是转动的摩天轮的轮子,而这位同学看到的是摩天轮上的车厢。这个思考很新颖,发现了一个大家没有意识到的现象。因此,凡事从多个方面去思考,才能得到比较准确又全面的结论。"的确,课堂上一个小小的关于摩天轮"平移与旋转现象"的争论,在孩子们心中引起了很强烈的震撼。大家不仅理解了"相对"的概念,还体验到了思维的跳跃与升华的过程,感触至深。作者认为,教师、家长、孩子对待问题的探究,应该是平等、和谐和融洽的,立于这个基点之上,孩子们才能敢于把不同的感受和真实的疑问表达出来。孩子有了质疑,教师和家长应让他们把话说完,再去认真地品味,这有利于理解和保护孩子好奇的天性,切忌凭个人的感觉或习惯去局限孩子的思维。孩子的数学灵感稍纵即逝,如果教育者能敏锐地"灵犀点通",把握课堂的即时生成,捕捉孩子的思维火

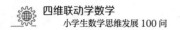

花,让孩子学会举一反三的迁移类推,就有可能让这个灵感之光成为孩子们数学思维发展的阶梯,成为教师提升教学水平与质量的最佳资源。

进入新时期,小学数学教学改革不断深化。课程标准对孩子的数学素养提出了很高的要求。因此,教学必须适应孩子的思维特点,启迪孩子"会用数学的眼光观察现实世界、会用数学的思维思考现实世界、会用数学的语言表达现实世界";培养孩子具有逻辑性思维习惯和数学语言表达能力;把学习中的主体地位还给孩子,让其获得"探究发现知识的快乐",实现数学素养全面提升。在这一过程中,特别需要"家校共育",让家长直接参与到孩子的数学教育中来,帮助孩子实现思维发展和素养的提升。但是,在实践中,由于数学教育有自身的规律,家长群体对数学教育的理解和把握缺乏专业理论与实际经验的支撑,在辅导孩子的时候,总是从课外家教、题海战术、速成训练中苦苦寻觅,往往事倍功半,陷入一种迷茫。如果我们的家长、教师及其他读者能静下心来读读这本书,定会有一种拨云见日、豁然开朗的感觉。是为序。

目录
CONTENTE

第三章 易错点睛

第四章 灵犀点通

第一章　谜知点惑

　　在美妙的数学世界,释疑解惑、启迪思维具有独特价值。当今处于万物互联的数字时代,面对激烈的"数字"竞争,更需要以数学为基,迷知"点"惑,提供动力。帮助孩子们从小学开始精准分析"迷""惑"的知识点,找到质疑的突破口,打开求知渴望的探索门,可以使孩子的数学思维在观点碰撞交锋中得到发展。处在起跑线上的孩子,只有铆足了劲儿,发展数学能力,才能成长为创新型人才。

第1问

你的孩子知道为什么5小于7吗?

著名数学家傅种孙曾经说过,理解数学是三重境界。知其然,知其所以然,知何由以知其所以然。我们要引导孩子在学数学的过程中,追求"知何由以知其所以然"。

在一次调研活动中,笔者面对多位一年级老师,问了一个问题:"为什么5小于7?"现场一时静默。紧接着大家纷纷表示,没有认真思考过这个问题,也没有问过学生这样的问题,学生也没有问这样的问题。甚至有的老师认为,即使拿出这个问题,孩子也没法解释。在调研学生的时候,有的孩子不知如何回答,有的直接说不知道,有的说是数数知道的。还有大胆一点的孩子说,在数学符号上"开口朝向大的数"。

其实这些回答一点也不奇怪。因为在课本上以及以往低年级的练习题上,是看不到"为什么5小于7?"这样的问题的,一般会呈现"5( )7(在括号里填上 >< 或 =)"。

这个问题到底要不要问一个为什么呢?从数学思维发展的角度分析,是非常必要的。试想一下,如果不去追问,那么孩子对这个问题的认识就只能停留在记忆层面。久而久之,就可能形成一种机械性的学习,遇到问题只追求结果。如果我们追根寻源,不仅能调动孩子的数理灵感与兴趣,更可以培育一种联动性思维,久而久之,可以达到发展孩子理性思维的目标。

那么,这个问题到底要让孩子如何来理解和回答呢?一年级的孩子已经知道了 5 小于 7。再追问这个问题,就是要根据数的概念的学习作出理性解释,引导和帮助孩子初步认知数学思维方法论:懂得"比较"的道理。因为 5 的数量少,7 的数量多,5 之所以小于 7,是"比较"出来的。

我们可以引导孩子运用数学的方法进行有理有据的表达。

孩子 1:我是用"数"数的办法。1、2、3、4、5 往下数,当数到 5,我要再加一个是 6,6 再加一个就得到 7,7 在 5 的后面,所以 5 小于 7。

孩子 2:我是用拨数珠子的方法。先拨出 5 个来,我再拨 1 个,那就是 6,我再拨 1 个就是 7,7 比 5 多拨了两个珠子,所以 5 小于 7。

孩子 3:我是用摆一摆的方法。我把 7 个圆片和 5 个圆片一一对应地摆,我发现 7 个比 5 个多出了 2 个,所以 5 小于 7。

孩子 4:我是用"分"与"合"的方法。7 可以分成 5 和 2,7 里面有 5 还有 2,所以 5 小于 7。(图 1-1)

图 1-1

孩子在比较 5 和 7 的过程中,潜意识里感悟到的是数学思维方式的"比较"论。既关联了以前的知识和方法,又对数的概念理解更加深刻。

所以,我们在引导孩子学习概念时一定要"透",对概念的理解要深。我们要通过追问、质疑,引导孩子去比较、去探究,让他们真正透彻地理解概念,长此以往,他们的联想性思维、比较性思维、批判性思维才能逐步形成并得到发展。

第 2 问

你真会读取一把尺子上的"数据"吗？

一年级下学期,孩子们第一次接触到了长度单位——厘米和米,认识了尺子。那么,孩子们真的会读取一把尺子上的"数据"吗？也许你会说,当然可以,尺子上有字母、刻度线以及数字。但现实真的是这样的吗？让我们一起看看下面这道题。（图 1-2）

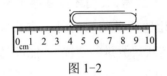

图 1-2

回形针的长度是多少？有的孩子得出了 9 厘米,还有的得到 6 厘米的答案,显然,这些答案都是错误的。

"不对,怎么能得出这个数呢？正确的答案,应该是后一个数减前一个数,9 − 4 = 5（厘米)！孩子记住啊,用后面数减去前面的数就对了！"回想一下,这是不是有的老师平时讲这道题的方式呢？

如果按照这种方式讲题,孩子也是能够把这道题做对的。但是他们真的理解了吗？真的知道自己错在哪里了吗？

我们还是先来分析一下孩子认知错误的原因吧！有的孩子之所以得出 9 厘米的结果,应该是没有读明白这个"图"的意思。根据以往读刻度尺的经验,直接读出了最终的刻度 9 厘米;而对于读出 6 厘米的孩子,就得深入分析了。

我们可以让孩子复原一下他的思考过程,如果不是计算错误,八成是"数"出来的错误,是指着4的位置直接开始数。

接下来,我们要给孩子们分析。"数"数是个简单有效的好方法,但是要明确我们数的是回形针的长度,所以,首先要搞清起始的刻度在哪,从哪里开始数。这里的4是起始刻度,相当于0刻度的位置。其次,要明确数什么。既然数的是长度,就不能指着刻度线所在的"点"去数,而应该一小段一小段地数,一厘米一厘米地数长度。

要想得到回形针的长度,我们还可以用计算的方法。从刻度0到刻度9总共9厘米的长度中,去掉前面并没占用的4厘米长度,9 − 4 = 5(厘米)就是要求的回形针的长度了。用计算的方法也要看清测量物体的起点和终点。

所以,简单的一道题里实际有两个关键点需要关注。

一是认识尺子。会读懂尺子上的刻度,了解尺子上的数是从0刻度线到这个数字所在刻度线的长度;二是理解减法的意义——从总量中去掉一部分数量。大人认为这个问题很简单,是因为我们积累了大量的实践经验,完全模型化了。但对于孩子们来说未必好理解,孩子们是需要足够的时间和空间的,要一点点去实现。

只有站在孩子的角度去思考,我们才能从孩子不会的题例中,找到孩子知识的"缺"和"漏",才能让他们做练习的时候查缺补漏,才能真正帮到孩子。只有这样,他们以后再遇到断尺测量的情况,才能准确地运用所学知识,并且进行正迁移,实现数学学习中的融会贯通。

二是明确数什么。既然数的是长度,就不能指着刻度线所在的"点"去数。尺子上回形针的长度是由多个"小段"(相邻两刻度线间的距离)前后累加组成的,每一小段就是一厘米,因此,我们应该一小段一小段地数,一厘米一厘米地数长度。

第 3 问

2.04 ≈ 2.0，小数点后的"0" 为什么不能省略？

甲同学：我知道保留一位小数应有 0，但这个"0"有用吗？

乙同学：当然有用，它决定了精确度。

甲同学：什么是精确度？

乙同学：看下面这幅连环画（图 1-3），你就明白了！

图 1-3

如果在数轴上把近似数是 2 和 2.0 的取值范围表示出来，是不是一目了然？近似数是 2.0 的取值范围更小、更精确。（图 1-4）

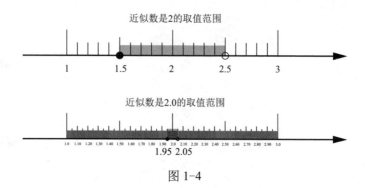

图 1-4

在数学学习中我们经常碰到类似的问题,比如学习小数的性质,小数末尾去掉0时,小数的大小不变,可是到了求近似值时,又不能去掉,因为0承载了精确度的作用。再比如分数的学习,开始是1个蛋糕平均分给2个人,每人不够分,才产生了分数,后来又学习了4个蛋糕平均分给2个人,既可以每人2个,又可以每人1/2。知识的学习是关联和递进的,在知识的衔接点,我们能真正理解吗?我们是真正理解了知识的改变和递进的道理,还是只靠记忆和增加练习"表面"上掌握了这种改变?在数学学习中,我们应该善于提出这种疑问,教师和家长也应该抓住孩子思维提升的关键点,帮助孩子真正"理解"知识,知其所以然。

教育是一门艺术,当孩子遇到疑问时,不能只是告诉孩子结论,而应通过给孩子提供丰富的、真实的情境,引导孩子自己悟出结论,理解真正的道理。在这个0的问题上,就是要让孩子明白,近似数是2.0和近似数是2是有严格区别的,数字小数点以后的0决定着它的精确度。精确度就是我们测定的结果与真实值之间的接近程度。保留小数点后面的位数越多,精确度测定的结果与真实值之间接近的程度就越高。如果孩子将来从事科学研究,精确度的价值是无穷的。

0的价值告诉我们,教育孩子一定要拓展知识当中的信息内涵,让它成为"探究式"的问题情境。教师要把关注点从聚焦知识技能的培养转化成聚焦数学思考。应通过多种方式的"做",引导孩子与他人的思维过程、结果、方式进行比较,在互动中建立知识与生活之间的关联,而不仅仅是告诉孩子某个结论。孩子只有体验到思维发展的全过程,探究问题便成了孩子"经验过"的情境。孩子只有"经验过",体验才会更深刻,才更加能感受到数学的有趣和有用。

第4问

如何"一招"让孩子认识三角形的三边关系?

　　在学习三角形三边关系的时候,孩子们根据老师提供的"设定好"长度的材料,尝试围三角形,发现有的能围成三角形,有的围不成三角形,可是却很难联想到此结果与三角形三边长度之间的关系,需要通过老师引导来明确研究方向。

　　什么方法能让孩子主动发现并提出问题呢?解决这个问题,可以从对材料进行"变革"开始。

　　那么,如何对这个材料进行"变革",让孩子们在动手操作时产生探究冲动,以取得意想不到的效果呢?可以拿出一根细铁丝。"请同学们想象一下,现在要用这根小铁丝围成一个三角形,你觉得能围成吗?"答案一定是可以。可以请孩子进行示范。不仅可以围成一种,还可以围成好多不同形状的三角形。接着老师把这根小铁丝剪了两刀,变成三根。"现在这三根小铁丝还能围成三角形吗?"这个时候大部分孩子的回答是肯定能围成。刚才的现场展示让孩子的思维定格在这根铁丝能够围成各种不同的三角形。现在不就是把它剪成三段了吗?也肯定能围成! (图1-5-1、图1-5-2)

 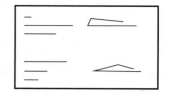

图 1-5-1　细铁丝围三角形　　　图 1-5-2　细铁丝剪开后围三角形

实际上到底能不能围成呢？让孩子们围围看。这时候问题出现了，孩子们剪开的细铁丝，有的能够围成三角形，有的却围不成。

这是为什么？孩子们陷入沉思。课堂安静了一会儿后，有的孩子豁然开朗！

"肯定与这条铁丝的总长度是没有关系的。因为铁丝的总长度是一样的，之所以出现能够围成和围不成的情况，它的原因只有一个，就是跟剪出的三条线段的长度有关。"

看！小小材料的"变革"给我们带来的价值是孩子可以主动发现并提出问题了！

心理学家认为，提出问题是解决问题的先决条件。只有提出了问题，孩子才能积极主动地思考，才能有效地关联知识，才能想办法解决问题。因此，不管是教学，还是孩子自我培养，最重要的一个环节就是孩子主动地提出有效的问题。被动、顺向、刻意的"填鸭式"学习，不是孩子产生了"疑问"再去"解决问题"的学习过程，对思维能力培养必然减弱。

第 5 问

你的孩子知道为什么 3.47 ≈ 3.5 吗?

在学习求小数的近似数这节课的时候,孩子们一般都已具有用四舍五入法去求整数近似数的认知基础,遇到这样的题目,很容易就能探究出求小数近似数的方法。其实在用四舍五入法求近似数的过程中,孩子们心里还是存在诸多疑问:为什么用四舍五入法?保留一位小数为什么要看百分位?

那么如何解开孩子们的疑虑呢?

首先,你要让孩子敢于提出问题,提出一个问题比解决一个问题更重要!在孩子自主探究出保留一位小数求近似数的方法以后,老师应鼓励孩子大胆地提出自己心中的疑问:"针对自己研究出的保留一位小数求近似数的方法,你能不能也提出问题,带领大家深入地思考? "

其次,引领孩子进行深入的思考,寻找探究的方法。

以 3.47 ≈ 3.5 为例,我们用数轴(图 1-6)来表示,更为清晰。

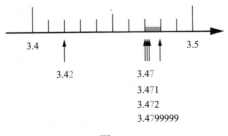

图 1-6

从图上可以看到，我们把 3.4 和 3.5 之间，平均分成 10 份，找到 3.47 的位置。很明显，图上的 3.47 更靠近 3.5，所以 3.47 保留一位小数就约等于 3.5；而 3.42 保留一位小数约等于 3.4，因为它更接近 3.4。由此可见，百分位是 5 以下，就约等于 3.4，反之就约等于 3.5。这就是数学上四舍五入的道理。

在此基础上我们进一步引导孩子去探究发现，3.471 在 3.47 的右边一点点，在 3.47 和 3.48 之间。3.472、3.473、3.474、3.479、3.47999……在 3.48 的左边。它们越来越接近 3.48，但就是不到 3.48，在 3.47 至 3.48 之间。

那这些小数有什么共同的特点？从数字上发现它们都是 3.47 几，所以它们才会在 3.47 和 3.48 之间。决定它们在这个区域的原因就是百分位上的 7！只看百分位上的 7 就够了！所以保留一位小数，只看百分位，把百分位上的数字四舍五入就可以。

在实践中我们发现，孩子们的数感总是体现在对数的感悟中。孩子们虽然都知道要四舍五入，但这只是在整数求近似数的基础上机械地迁移过来的，他们对于小数近似数的意义理解并不深入。借助数形结合这种有效策略，在数轴上找对应的数字，感受数与数之间的距离，就可以让孩子们进一步体会近似数的意义了。

第 6 问

孩子,你真的理解余数吗?

在除法算式中,余数具有重要的意义。余数在小学数学中主要"现身"了三次。第一次是二年级,一个数不能正好被平均分,产生了余数。四年级再"现身"是学习"当被除数和除数同时变化,商不变,这时余数变不变"时。第三次"现身"是从整数领域拓展到小数领域时。

第一次:13 ÷ 2 = 6(组)……1(块)

13 ÷ 6 = 2(块)……1(块)

第二次:130 ÷ 60 = 2…10

13 ÷ 6 = 2……1

第三次:1.3 ÷ 0.6 = 2……0.1

二年级孩子学习余数时,是通过动手摆一摆、分一分等直观操作来认识的,孩子对于余数的认识是清晰的,老师和家长认为孩子也是明白的。但是随着年龄增长,知识不断更新和叠加,当第二次、第三次出现余数时,孩子对余数的认识反而越来越模糊了。

比如 130 ÷ 60,根据商不变的性质,被除数和除数同时缩小为原来的 1/10,商不变,是 2,那么余数是 1 还是 10 呢? 1.3 ÷ 0.6 计算时转化成 13 ÷ 6,商是 2,余数又是多少呢?

这是大多数孩子都会遇到的问题。

遇到这种情况时,我们不应该让孩子通过反复做题找模式和规律,而是应该帮助孩子去寻根溯源,刨根问底,真正理解余数的本质。

余数就是总数平均分后剩余的部分,是被除数没有分完剩下的。可以借助低年级分小棒的经验,130 ÷ 60 用小棒分一分,能看出余数就是 13 捆小棒(13个 10)里包含 2 个 6 捆小棒(6 个 10)后,剩下的"1",这个"1"就是 1 捆小棒(1个 10),也就是余数 10(图 1-7)。这样,让新知识与原有认知经验相关联,可以帮助孩子更好地理解。

第二次:130 ÷ 60 = 2……10

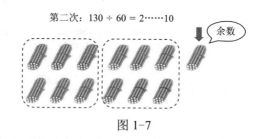

余数

图 1-7

在小数除法部分计算 1.3 ÷ 0.6 时,我们可以创设一个现实情境:用 1.3元买东西,东西 0.6 元一个,可以买几个?剩下多少元?这时候余下来的"1"是 1 角,也就是 0.1 元。借助现实情境,激活生活经验,让学生体会数学道理,让生活经验推动数学理解,这不就是课标倡导的数学来源于生活并应用于生活吗?

因此,数学的学习活动应该是基于孩子遇到的问题,不断帮助孩子调整、扩充或修正原有认知结构的过程。数学概念的理解应基于真情境,让生活经验助力数学学习,激活数学课堂。

第7问

孩子,你看懂数轴了吗?

数轴能形象地表示数,是理解数的直观工具。但是很多孩子在解决问题的时候却不会主动联想到用数轴帮助解决问题。其实,孩子在一年级就多次见过数轴。那么,一年级的孩子在数轴上看到了什么?是一堆有顺序排列的数?还是从小到大的箭头方向?让我们一起探寻一下小学数轴的出现轨迹吧。

细读青岛版小学数学一年级课本,数轴的出现有三个重要的节点。(图1-8)

图 1-8

看到第一个数轴的时候,你关注的是什么呢?你一定发现了,这时候的数轴是带有情境的。从0起点开始,小青蛙第一跳,跳到了数字4,接着第二次跳了3格,跳到数字7。因为下面紧接着给出了算式"4 + 3 = ?",这时候,更多的孩子会将目光聚焦到这道题怎么算。老师则认为难点在于第二次从4开始跳到7,跳的是3个格,所以4 + 3 = 7。那么数轴在这里出现还有什么意义呢?

小青蛙第一次跳到数字4,这里的4,不仅仅是"第"4个格,还是"有"4个格。小青蛙从0起点开始,一个格一个格地跳,跳了4个格,4距离0有4个格的距离。那么数字7呢?它既是"第"7个格,是从0数出7个格后的位置,也表示从 0 起点开始,"有" 7 个格的距离。

在类似带情境的数轴出现数次后,孩子积累了一定的认识,对数轴有了一定的理解,这时候课本出现的数轴发生了很大的变化:第二个数轴去掉了情境,直接出现了"抽象"的数和轴,并且不出现 0 起点,让孩子找到数轴上的点与数字的对应关系,检验孩子对数轴是否理解。

第三个数轴的变化很大,大格、小格都出现了。42 在 27 的后面,42 大。27 为什么在数轴的这个位置?后面是什么意思?怎么能通过数轴比较出 42 和 27 谁大?

孩子需要看懂的地方有:以前的数轴上只有一种格,一个格是 1,现在有 2 种格,一个大格是 10,一个小格是 1,大格和小格是十进的关系。27 距离 0 起点有 27 个小格,所以在 20 后面再数 7 个小格。42 距离 0 起点有 42 个小格,42 比 27 距离 0 更远,在 27 的后面,所以 42 > 27。在这个过程中,孩子利用数轴理解数的关系,就已经开始运用数轴解决问题了。

通过学习在这三个重要节点出现的数轴,原本只会借助直观实物理解数的孩子,学会了通过"数"和"轴"这种半直观的模型来理解数。只有真正理解了数轴,在后面解决更加复杂、更加抽象的问题时,孩子才能够主动想到并使用这个数学工具。

在教学中,老师应从知识的整体、本质和内在联系出发,对概念进行全面分析,探究其本质属性,这样可以让孩子对知识获得更多的理解。

第8问

如何借助"数形结合"让孩子还原一个 "近似数"的"原数据范围"？

四舍五入是一种精确度的计数保留法。它是通过四舍五入，得到一个与原始数据相差不大的近似数。假如让孩子求一个"近似数"，他们一般都会知道使用四舍五入，先看给出的原始数据精确到哪一位，再看省略的尾数部分，如果最高位小于等于4就舍去，大于等于5就向前一位进1。

但是，如若反过来，给出一个"近似数"，问孩子：你能判断原来的数吗？这时候，有的孩子一看到题目就会犹豫和质疑："能吧！不确定吧！有一个区间范围吧！"他们在实际操作中，往往还会出现错误。这说明孩子还没有真正理解与掌握四舍五入的本质含义。

以下列题目为例。

【例1】一个数省略万后面的尾数后是8万，这个数最大是(   )，最小是(   )。

有些孩子随机给出答案，最大是79999，最小是75000。

【例2】一个两位小数，用四舍五入法保留一位小数约是2.7，这个两位小数最大是(   )，最小是(   )。

有的孩子回答：最大2.74，最小2.71。

这就是孩子经常出错的地方。他们只知道这个"近似数"的原数，应该是在一个范围内的。但是往往考虑的问题片面，要不就是只考虑"五入"进位的情况(如例 1),要不就只去想"四舍"去掉的情况(如例 2)。这说明四舍五入的模型,在孩子的思维发展过程中并没有构建完善,所以遇到了综合、变式的情况就会出现错误。

怎么引导孩子去思考,才能更完整、更简洁、更准确呢?

我们可以借助数轴"数形结合",得到更直观、正确的答案。(图 1-9)

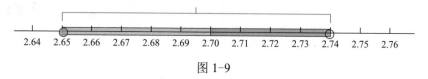

图 1-9

通过数轴,利用不同颜色在数轴上做出标记,把"四舍"和"五入"部分加以区分,就可以更加清晰地看到上述例 2 中,2.7 左右两边都是与之相近的数,都是四舍五入之前的原数范围,最小 2.65,最大 2.74。

用这样的办法,去引导孩子完成例 1,也应该没问题了!

一个数对应一个确定的点,这是孩子们之前对数的认知,这个认知基于准确数。而"近似数"的学习则是要突破孩子的这一认知,让他们去体会近似数表示的不是一个确定的点,而是由无数个点形成的一个区间,是一条线。这种"由点到线"的数概念的突破,对孩子们而言是一个挑战。

"数形结合"是通过数和形之间的对应关系和相互转化来解决问题的一种方法,可以使抽象的数学问题直观化、简洁化。关于"近似数"还原"原数据的范围"的判定问题,可用这一方法得到较好的解决。

让孩子结合数轴感悟近似数的基本内涵,感受近似数所代表的精确数的区间,更容易让他们知其然也知其所以然,丰富数感,实现对数概念的拓展。

第**9**问

孩子,你被这样的算式"谜"过吗?

孩子在学习的过程中,经常会遇到这样的"算式谜"。(图 1-10)

图 1-10

算式谜是在给出的运算式子中,将某些数字隐藏起来了,藏起来的那个数字像是被虫子咬去了,所以也称为"虫食算"。算式谜的解题方法是推理加上尝试,先仔细观察算式特征,由推理能确定的数先填上,不能确定的,要分几种情况,逐一尝试。探究算式谜的思维过程因为复杂且不利于显现,所以很难帮助孩子形成解决这类题目的基本策略。认真分析已知数字与所缺数字的关系,找准解题的突破口,是很关键的。

下面的式子中,每个汉字代表一个数,相同的汉字代表相同的数。"腾"和"飞"各代表哪个数?

$$
\begin{array}{r}
腾\ 飞 \\
+\ 腾\ 飞 \\
\hline
9\quad 2
\end{array}
$$

孩子们在二年级最初学习这部分内容时,凭借数感,用凑的方法很容易解答这种问题,但我们不能简单地认为找到答案就是达到学习目标,而应充分挖掘这道题背后的价值。将思维过程可视化,让孩子清晰体会思维的过程,对解题方法进行总结和提升,帮助孩子梳理出有条理、有逻辑的思维路径,内化到自己的认知结构中,使孩子到三年级学习乘除法的算式谜、四年级解决小数算式谜时,有法可循,有路可走。

关于这道题,认真分析数字与汉字的关系,找准突破口是关键,思维路径可以帮助孩子提炼总结如下。

思维路径 1(图 1-11):

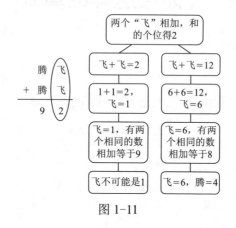

图 1-11

先从个位算起,也就是以个位作为这个题目的"突破口"。

飞 + 飞 = 2,我们很容易想到的是 1 + 1 = 2,如果这样思考,就发现十位上腾 + 腾 = 9,可是没有两个相同的数加起来是 9,显然这个推理过程是不正确的。所以,我们要再做其他尝试。还有哪两个相同的数相加个位上会出现 2 这个数字呢?对,6 + 6 = 12,满 10 需向前一位进 1,这时十位上就变成了腾 + 腾 + 1 = 9。我们发现,如果去掉进的 1,那么腾 + 腾 = 8,相同的字代表相同的数,所以腾就等于 4 了。

思维路径 2(图 1-12):

从十位算起,也就是以十位作为这个题目的"突破口"。

没有两个一样的数相加是 9 怎么办?肯定是个位向十位进 1 了,9 − 1 = 8,由此得出:腾 + 腾 = 8。腾 = 4。个位向十位进了 1,所以飞 + 飞 = 12,那么,飞 = 6。

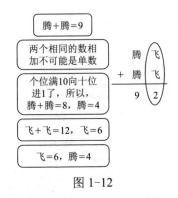

图 1-12

学习数学要做题,但我们的主要目的并不是做对题目找到答案,而是在解题过程中获得思维和方法。老师以数学思考为主线,更多地关注孩子真实想法及推理过程,同时注重策略方法的梳理和提升,可以帮助孩子发展思维能力。

第 10 问

图形的"高"我为什么总画不对？

孩子们,你能说说什么是图形的"高"吗？在你的脑海中出现的是一条线段,还是在图形里面的虚线,又或者是高的概念呢？

其实,"高"在不同图形中有着不同的描述。

三角形的高是"从三角形任意一个顶点向它的对边所在的直线做垂线,这点与垂足之间的线段,叫作三角形的高"。

平行四边形的高是"从平行四边形一条边上的任一点向它的对边所在的直线做垂线,这点和垂足之间的线段叫作平行四边形的高,垂足所在的边叫作平行四边形的底"。

梯形的高是"从梯形底上的任一点向另一底所在的直线做垂线,这点和垂足之间的线段叫作梯形的高,两腰之间不可作高"。

"给平面图形作高"是小学数学"图形与几何"部分的重要内容,老师上课讲解、示范,孩子们模仿操作,看似完整、扎实的教学过程,老师在教学上没少花时间和精力,结果孩子们"作高"的错误率很高。问题究竟出在哪儿？

第一,画的高与底不垂直。由于三角板的摆放不规范而出现高与底不垂直的错误。第二,画的高与底不对应。在画指定底边的高时,部分孩子画的是其他底边上的高,没有搞清楚高与底相对应。第三,画高的起点不明确(图1-13)。

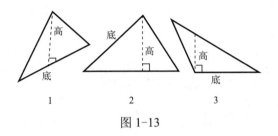

图 1-13

在小学阶段,"给平面图形作高"是孩子们在理解了直线、射线、线段的相关知识,掌握了垂直、平行等位置关系后开展的作图活动。你知道"高"的本质是什么吗?

如果我们用动态的方式将三角形的高与直线外一点到这条直线所画的垂线段进行联系,在理解的基础上,借助直观对知识进行建构,通过对"高"概念中"一边上的一点"和"对边"的推敲,就可以找到"高"的本质。"高"的本质就是点到直线的距离,再刨根问底就是两点之间(点到"特殊点"垂足)的距离。

理清了知识之间的联系,抓住了数学中"高"的本质,你甚至可以画出钝角三角形各个底边上对应的高,理解并掌握各种三角形的高。(图 1-14)

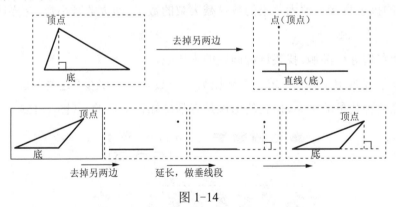

图 1-14

其实,无论是点到直线的距离,还是两条直线之间的距离,乃至"高",实际上都是两点之间的距离。抓住数学的本质,许多问题就迎刃而解了。

第 11 问

5 个苹果可以减 3 个梨吗?

孩子在学习"求一个数比另一个数多(少)多少"的时候,经常会遇到类似"5 个苹果比 3 个梨多多少"的问题,相信孩子们一定能快速回答出答案,甚至还可以直接列出算式,算出结果。但是,进一步让孩子们说明算式中数的意义时,有的孩子直接理解为苹果的数量减去梨的数量,即大数减小数,这样理解对吗?

让我们寻根溯源,找找这种问题的本质吧。

小学课本中出现的"求一个数比另一个数多(少)多少"这类问题,虽是首次研究两种数量的关系,但它的出现是有基础知识支撑的。(图 1-15)

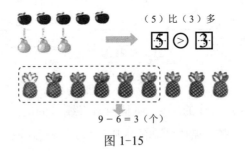

图 1-15

那么,"求一个数比另一个数多(少)多少"减的究竟是谁呢?如何帮助孩子更好地理解呢?

我们可以将"方块"变成半直观的学具"纸条"。(图 1-16)

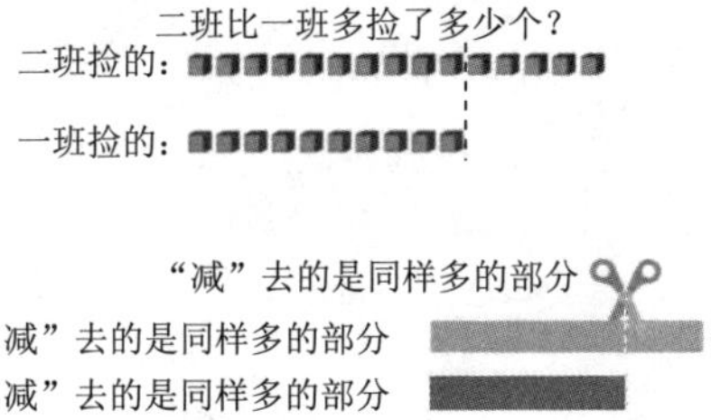

二班比一班多捡了多少个？

二班捡的：■■■■■■■■■■■■■■■■■■■

一班捡的：■■■■■■■■■

"减"去的是同样多的部分 ✂

"减"去的是同样多的部分 ▬▬▬▬▬

"减"去的是同样多的部分 ▬▬▬▬▬

图 1-16

孩子看不到具体的"方块"数量，只能动手"比一比"，拿起表示一班捡的数量的纸条，去和表示二班捡的数量的纸条"比一比"。二班比一班多几个，就是以一班的数量为标准，将二班的数量分成两部分，一部分是与一班一样多的数量，剩余的一部分就是多出来的数量。孩子也就真正明白了去掉的 10 个，就是二班与一班同样多的部分。从而实现了"求一个数比另一个数多（少）多少"与"从总数中去掉一部分"的减法意义的统一。这一教学方法将"求一个数比另一个数多（少）多少"的问题与减法的意义紧密关联建构，直达知识的本质。

"求苹果比梨多多少"，就是"求 5 个比 3 个多多少个"，问的是 5 比 3 多出来的部分，5 被分成了两部分，一部分是与 3 同样多的部分，一部分是比 3 多的部分，从 5 里面去掉与 3 相同的部分，剩下的就是 5 比 3 多的部分，所以算式 5 − 3 = 2 中，减去的"3"是和梨同样多的苹果的个数呀！明白这个道理，才算是真正理解减法的意义了。

将来我们再遇到两个数量进行比较时，可以通过刚才的理解过程，清楚地找到"标准"并进行探究。

第 12 问

32 米栅栏围的长方形一定比 16 米围的面积大吗?

不考虑靠墙问题,32 米栅栏围的长方形一定比 16 米围的面积大吗?数学可不是只靠感觉,解决问题要动脑思考,有理有据。要想知道真正的答案,需要探究一下,可以把探究的过程和结果记录在图 1-17 所示的表中。

周长(米)	32	32	32	32	32	32	32	32	32	32
长(米)	15	14	13	12	11	10	9	8		
宽(米)	1	2	3	4	5	6	7	8		
面积(平方米)	15	28	39	48	55	60	63	64		

周长(米)	16		16		16		16		16	
长(米)	7		6		5		4			
宽(米)	1		2		3		4			
面积(平方米)	7		12		15		16			

图 1-17

仔细观察表中的数据,你是不是有了新的发现?

长方形的长和宽越接近,面积就越大;长和宽相等的时候,面积最大,这个时候是正方形;长和宽相差越大,面积就越小,这时候的长方形细细的、长长的。

我们还会发现,周长 32 米的栅栏,如果围成了细长的长方形,最小面积是 15 平方米;而周长 16 米的栅栏,如果围成了正方形,最大面积是 16 平方米。

根据这个规律,周长 16 米的长方形的面积也可以大过周长是 32 米的长方形。

探究发现后,我们来总结一下收获吧!

培养理性精神。这个问题情境给孩子提供一个假设及验证假设的学习环境,可以激励孩子探究的欲望;同时也让孩子知道当我们对问题产生猜想后,需要科学地加以验证,才能得出结论。

学会探究方法。遇到问题结果多元化的时候,可以通过有序列举,列出所有情况,利用数据进行分析探究,找到正确的答案。

发现规律。通过探究列表,不仅找到了答案,还能通过表格中的数据总结、发现一些规律。

学会迁移。学会一道题目,也就学会了一类题目,题目呈现:

【例1】我画了 3 个面积是 12 平方厘米的长方形,它们的周长相等吗?

【例2】用两根同样长的铁丝分别围成一个长方形和一个正方形,已知长方形的周长是 32 厘米,围成的正方形的面积是多少平方厘米?

【例3】一幅长方形美术作品,宽是 20 厘米,它的周长是 112 厘米,这幅作品的长度是多少厘米?

孩子可以探究以上例题中的规律,解决一系列周长和面积关系的问题。

学习数学不能停留在做题这种浅表性的机械学习,必要的时候,可以将题目变成探究活动,通过探究发展孩子的思维,培养孩子的能力,探究过程的收获远远大于做对一道题。

第 **13** 问

如何让孩子把握"按比例分配"问题中的变化规律?

按比例分配是生活中常见的数学问题。在日常生活中,我们常常需要把一定的数量按一定的比例进行分配,这种分配方法为按比例分配。但按比例分配的数量关系会根据实际出现不同的情况。有的求总量是多少,有的求几个部分的量各是多少,等等。虽然情况复杂多变,但也是有一定规律可循的。

1. 寻,"按比例分配"问题的"根"

按比例分配实际上是由"平均分"发展而来的。

如图 1-18 所示:

按比例分配

总数 —→ 平均数　　5份 —→ 每份

总数 —→ 按比分　　4 : 1 —→ 每部分

总数 —→ 分数　　$\dfrac{4}{4+1}$

图 1-18

"平均分"就是按比例分配问题的"根",其中包含总量、分量、总量与分量之间的比三要素,这三者之间密切关联。

2. 看,"按比例分配"内容变化的多样性特征

按比例分配在练习中有各种变式。

（1）延伸点：比在变

【例1】一种糖水是糖与水按 1∶19 的比配制而成的。要配制这种糖水 2 千克,需要糖和水各多少千克?

【例2】六年级一班第一组分到图书 18 本,组内男生 4 人,女生 5 人,请问男生和女生各可以分到多少图书才算公平?

【例3】某公司两个职员第一季度的销售情况如下。

姓名	销售额（万元）
李佳	80
赵冰	70

公司决定拿出 6000 元对两人进行奖励,你认为怎样分配才合理?

【例4】明明水果店有水果 180 千克,其中梨、苹果和橘子的比是 1∶2∶3,梨、苹果、橘子各有多少千克?

（2）延伸点：总量要对应

【例1】研究发现,8 岁以上的儿童按 5∶3 安排一天的活动与睡眠时间是最合理的。他们一天的睡眠时间应是多少小时?

【例2】在一个直角三角形中,两个锐角的比是 5∶4。这两个锐角分别是多少度?

【例3】两桶油共 15 升。小桶的油用去 1 升后,剩下的与大桶中油的比是 2∶5。小桶中原来装有多少升油?

（3）延伸点：问题要明确

【例1】丹顶鹤是我国国家一级保护动物。全世界目前大约有丹顶鹤 2000 只,我国和其他国家拥有的丹顶鹤数量的比约是 1∶3。我国比其他国家拥有的丹顶鹤少多少只?

【例2】用 72 厘米长的铁丝围成一个长方形,长与宽的比是 5∶4。这个长方形的面积是多少平方厘米?

分析以上的例题可以看到,按比例分配题型具有多样性的特征,这就要求我们在做题的时候应明确地判断出该题属于哪一类型,应采用哪种方式去分析。

3. 辨，"按比例分配"不同类型的变化规律

在我们的生活实践中，按比例分配还会有如下变化规律。

(1) 已知总量、分量与分量之间的比，求分量是多少(利用总数量和比，求比的各项数量)

【例 1】学校买来 75 本课外书，按照人数的比分配给三个年级。四年级有 46 人，五年级有 50 人，六年级有 54 人。每个年级各分得多少本课外书？

【例 2】建筑工人用水泥、沙子、石子配置一种混凝土。水泥、沙子、石子的质量比是 2∶3∶5。要配置 2000 千克这样的混凝土，需要水泥、沙子、石子各多少千克？

(2) 已知分量与分量之间的比和其中一个分量是多少，求另一个分量是多少(利用比和比的某一项数量，求比的其他项数量或者总数)

【例 1】商店运来一批电冰箱，卖了 18 台，卖出的台数与剩下的台数比是 3∶2，求剩下多少台电冰箱？

【例 2】建筑工人用水泥、沙子、石子配置一种混凝土。水泥、沙子、石子的质量比是 2∶3∶5。现有 2000 千克沙子，如果按这样的比配置混凝土，需要水泥、石子各多少千克？

(3) 已知分量与分量之间的比和部分分量之间的差，求分量是多少(利用比和各项关系，求各项或总数量)

【例 1】国庆节前，我校举行"我爱祖国"绘画比赛，获奖作品和未获奖作品的比是 5∶13。获奖作品比未获奖作品少 96 幅。获奖作品有多少幅？

【例 2】建筑工人用水泥、沙子、石子配置一种混凝土。水泥、沙子、石子的质量比是 2∶3∶5。现有沙子的质量比石子少 460 千克，如果按这样的比配置混凝土，需要水泥、石子各多少千克？

万变不离其宗。同一类型的问题可能有不同表现形式；不同类型的问题可能反映同一本质。只有抓住数学问题的本质和解决问题的规律，才能构建数学模型，快速、高效地解决问题。多一点纵向的比较、理性的思考、科学的分析，其实"按比例分配"问题也并不复杂。

第 14 问

如何让"倍"的概念刻入孩子的深层记忆？

"6 里面有 2 个 3,3 的 2 倍是 6,6 是 3 的 2 倍。"这些在孩子们的眼中就像"绕口令"一样。孩子们知道了"倍"是什么,就真的理解"倍"的概念了吗？事实并没有那么简单。

在二年级学习乘除法的时候,"倍"的概念被首次引入课堂。作为表达两个数量关系的一种方式,它帮助我们对乘除法意义的理解更加深入宽泛。同时,"倍"这一起始概念,对孩子们后续多个概念的学习都产生了深远影响。可以说,"倍"的学习贯穿整个小学数学阶段,对于"倍"的概念的理解深度,对后续的学习至关重要。

要让"倍"的概念刻入孩子的记忆,以下两点至关重要。

1. 建立"基础模型",形成"倍"的"前勾后联"

孩子们对"倍"的认识是循序渐进的。孩子第一次接触"倍"的概念是在乘法单元中。它承载的学习任务是让孩子们积累"比较两数相差关系"的经验,了解乘法就是对相同加数的累加,初步感知 2 个 3 和 3 的 2 倍的密切联系。

待到孩子们对"平均分"的含义具有了一定的理解,初步认识了除法后,孩子们就可以从平均分的角度来认识"倍"了。把 6 按照 3 个一份进行平均分,感悟 3 是标准量,6 和它做比较,就是看 6 里有这样的几份,也就是看 6 里面有几个 3,即求 6 是 3 的几倍。这时,孩子开始尝试解决"求一个数是另一个数的

几倍"的实际问题,初步建立起了关于"倍数"问题的基础模型。(图 1-19)

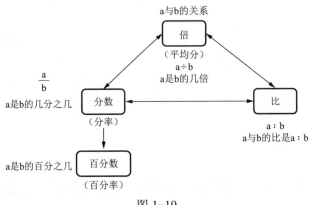

图 1-19

建立起"倍"的"平均分"概念,又进一步认识了"分数(分率)"后,孩子们就可以进一步理解"分数(分率)数量关系"其实就是"倍"的延续概念。无论要分一个事物还是多个事物,不再去纠结具体的数量,而是自觉地去研究它们的份数之间的关系,这是我们进行分数(分率)表达的本质。"倍"还可以继续拓展。百分数(百分率)是分数(分率)的一种"特殊表示形式",它表示一个数占另一个数的百分之几,显然也是以一个数量为标准对另一个数量进行倍数的度量,只不过度量的结果是用百分数(百分率)来表示。

再到"比"的学习中,两数相除就叫作两数的比,比的本质仍然是平均分等概念。例如,甲与乙的比是 2∶1,可以表达为甲是乙的 2 倍;乙是甲的二分之一,可以表达为乙是甲的 50%。如果这时,孩子能通过例子来描述比、倍、分数(分率)、百分数(分率)的相互关系,这说明孩子们的心理已经初步建构起"比、分数(分率)、百分数(百分率)"都是以"倍"的概念为基础的模型。

2.夯实"概念建构",理解"倍"的本质属性

建立起"倍"的概念的"基础模型"后,接下来,我们要更好地夯实"概念建构",引导孩子充分理解"倍"作为关系表达的本质属性。具体可以重点抓住四个法则。

(1)直观感知法

通过圈一圈、画一画"一份量",说一说、算一算"有几份",在圈画的过程中直观感知"一个数是另一个数的几倍",实际就是"一个数里面有几个另一

个数"。

(2) 变式操作法

通过变换多种操作方式,去理解"倍"是份数关系的比较。可以是一份量不变,对比量变化,看倍数关系的变化,理解有几个就是几倍;可以是一份量变化,对比量不变,看倍数关系变化,感受标准量在倍数关系里的关键性;还可以是一份量和对比量同时变化,再看倍数关系。理解倍数内涵,虽数量有变化,但关系不变。

(3) 抽象关联法

通过除法算式抽象去解析。"求几倍"就是"求平均分中的几份",从中可以体会到直观操作与抽象计算的联系,将倍数与份数进行本质关联,实现倍问题的模型建构。

(4) 情境创设法

通过多种情境创设与应用,在孩子思维中加深概念的刻痕。例如,用"找关系"的游戏,将"倍"与孩子们的生活实际进行链接,在数学表达中达到思维的提升。

第 **15** 问

如何巧妙地将"展开图"快速还原成正方体?

学会还原,是逆向思维在数学中的运用,是数学思维训练的重要途径之一。
这三个图形(图 1-20)中,哪个图形是正方体的展开图?

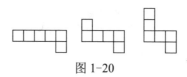

图 1-20

其实只要我们明确了正方体相邻面及相对面的位置特点,洞察它们的内在
联系,就可以通过观察、操作、想象、推理进行二维空间到三维空间的转换,实
现"展开图"的巧妙还原。

1. 确立"还原"的基本特征:5 条棱连 6 个面

我们要还原一个正方体的时候,脑海中必须明确正方体是由"6 个面,12
条棱"组成的,再来研究"展开图复原"。

如果把一个正方体剪开,就会进一步发现至少剪开其中的 7 条棱,才能真
正展开。因此,我们进一步明确正方体的展开图是一个由"5 条棱"连接的"6
个面"的组合。(图 1-21)

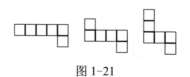

图 1-21

以上 3 个展开图均具备这一基本特征,有可能还原成正方体,而图 1-22 则不具备这一基本特征,不可能还原成正方体。

图 1-22

2. 把握"还原"的图形组合:4 类型

第一类:"141 型"组合。(图 1-23)

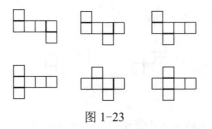

图 1-23

"141 型"组合中间是 4 个正方形,正好围成一圈,上下 2 个正方形就像两个盖子,连在任意位置上,都能盖上去。(图 1-24)

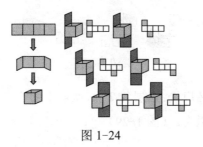

图 1-24

第二类:"231 型"组合。(图 1-25)

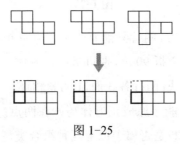

图 1-25

"231 型"组合由"141 型"变形而来,把"4"最外面的"1"平移到"盖"的

位置,也就是"231型"组合里的"2",最外面的"1"可以通过1次平移还原回"141型"。(图1-26)

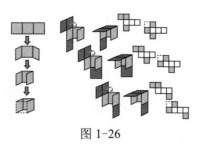

图 1-26

第三类:"222型"组合。(图1-27)

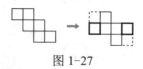

图 1-27

"222型"组合三排两方,呈阶梯状,两行只能各有1个正方形相连。它也是由"141型"变形而来,只要其中两个图形各平移1次能还原回"141型",就可以实现展开图复原。(图1-28)

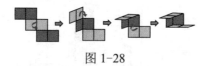

图 1-28

"222型"组合记忆口诀:三层各2面,两层1面连。

第四类:"33型"组合。(图1-29)

图 1-29

"33型"组合两排三方,两行只能有1个正方形相连。可将相连的两个正方形其中1个放平,另1个折90度,便可折成正方体。

"33型"组合记忆口诀:两行各3面,1面紧相连。

原来"展开图"是否能还原成正方体巧妙在两点:一是先判断是否5条棱连6个面;二是进一步判断是否属于以上四种组合类型。

第 16 问

末尾有 0 的整数乘法，为什么要"甩"0？

请你仔细观察：以下几个算式有什么特点？

$32 \times 6 =$

$32 \times 60 =$

$320 \times 60 =$

$3200 \times 60 =$

从这几道算式中我们可以看到，因数末尾"0"的个数都是依次增加的，而对末尾有"0"的整数乘法，可以分为两种情况：

第一种是只有一个因数末尾有零的乘法，如 32×60；第二种是两个因数末尾都有零的乘法，如 320×60、3200×60。

这些算式，你会怎么计算呢？孩子们主要有两种方法：

方法一：

```
     32            320            3200
  ×  60         ×  60         ×   60
  ────────      ────────      ──────────
     00            000            0000
    192          1920           19200
  ────────      ────────      ──────────
   1920         19200          192000
```

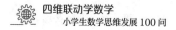

方法二：　32　　　　　 320　　　　　　3200

　　　　　× 60　　　　 × 60　　　　 　× 60

　　　　　1920　　　　19200　　　　192000

那么，你在做题的时候是选择方法一，还是选择方法二呢？

方法一是乘法计算的常规做法，相同数位对齐。第二个因数中的每一位数分别与第一个因数的每一位相乘之后再相加。

仔细观察，对比因数和结果，你能发现什么？

因为0乘第一个因数的任何数结果都等于0，那0乘第一个因数的这次计算是不是就"白算"了？既然如此，我们就有这样的几点疑问：白算了，是不是这一步可以省略掉，不用算了？不用算了，是不是可以把0"甩"掉，可以直接落下来？"甩"0的算理是什么？

再来看方法二，它为什么可以先把0"甩"掉计算呢？

仔细想一想，"甩"0其实是应用了乘法的运算律。

例如：　3200×60

　　　　$=（32 \times 100）\times（6 \times 10）$

　　　　$=（32 \times 6）\times（100 \times 10）$

　　　　$= 192 \times 1000$

　　　　$= 192000$

在计算过程中先"甩"掉0，让计算步骤减少，让计算过程中的大数变小，做到简便计算。

这样看来，遇到因数0多的时候，第二种方法要优于第一种方法。明白了其中的道理，以后就可以直接选用方法了。

遇到因数末尾有0时，可以把这个因数中的0"甩"掉，让实际参与运算的部分"数位对齐"，可以将实际参与运算的部分与不参与运算的"0"中间用虚线分隔开。

我们来总结一下，末尾有0的整数乘法"甩"0大法。将真正"参与运算"的因数部分"数位对齐"，把0"甩"掉。写完竖式后，在运算部分与"0"之间画"虚线"隔开。（等计算熟练后，虚线可省略）先计算虚线左侧的乘积，再数出因数中一共有几个0，就在积的后面添几个0。

你学会了吗？

第17问

如何引导孩子发展批判性思维,提升学习的自主性?

在数学教学中,我们特别要注意引导和培养孩子的批判性思维。在教育孩子的实践中,我们往往习惯于让孩子一遍一遍地做练习题,只是满足于答案的正确,而对引导孩子发展批判性思维缺乏足够的认识与自觉。批判性思维是人类思维发展进入高级阶段的标志,在数学领域的应用具有特别的价值。批判性思维具有两个主要的特征。一是"如何质疑",即提好问题;二是"如何评判",就是用有说服力的论证和推理,给出一个新的合理的解释和判断。把两个方面结合到一起,就形成了一种批判性的思维,这种"批判性",不同于一般意义的"批判"。平常所说的"批判"主要带有否定的性质。而"批判性"所指的是一种审辩式和思辨式的评判,它具有重要的建设性意义。所以说培养这种"批判性"的思维,对引导孩子学好数学有特殊的重要地位。

在数学实践中,要引导孩子对数学活动中出现的数学结论或论证方法有自己的见解,而不是不假思索地附和和认同;必须让孩子能够自觉地运用各种方式、方法检验得到的初步结果,具有严密的逻辑推理、分析能力;还要让孩子对知识有着强烈的不满足感,即使是思想上已经认同的知识或论证方法,仍敢对其进行质疑和反思,并促使自己认知结构的完善与发展。

引导孩子发展批判性思维要重视对其质疑能力的培养。一方面注重引导孩子在知识的生长点、发展点、延伸点处设疑。例如,$3 \times 4 = 12$ 中,3 和 4 是

12 的因数，那么 $1.2 \times 10 = 12$ 中，1.2 是 12 的因数吗？把 8 个苹果平均分给 4 位同学，每人分得的是 2 个还是 $\frac{1}{4}$？你是怎样想到用 0.01 表示 $\frac{1}{100}$ 的？快速调动孩子的好奇心和求知欲，激发孩子的质疑意识，主动地去进行猜想、迁移，关联自己的认知结构，这是批判性思维培养的起点。例如，用 32 米的篱笆围成的长方形菜地一定比用 16 米的篱笆围成的面积大吗？周长和面积的单位进率相同吗？

另一方面要通过小组合作的组织形式，在操作验证的过程中，引导孩子有理有据地进行猜想、验证、总结，发现、分析、解决问题，发展理性的批判性思维。

值得注意的是，我们不能只关注探究结果的集体呈现，还应该引导孩子对他人的思维过程、结果、方式进行比较辨析。在生生互动、师生互动中，在他人观点与自己观点、集体观点与小组观点的交流碰撞中，实现从"同化—不平衡"到"顺应—平衡"的转变，使孩子的批判思维不断发展。

在整个过程中，孩子不仅应思考自己将获得什么知识，更应思考这个知识是什么、如何验证观点、判断观点正确与否、如何论证这个观点，逐渐从"回答老师提出的问题"变成了"我要提出问题"。

第 18 问

同是一颗"珠",为什么表示不同的"数"?

小学数学教学中有一个名词叫"位值"。这个名字听起来"高深莫测",其实说的就是数位上的数字代表什么数值的问题。但是在教学实践中,说到"十进制"孩子们都懂,无非是满了 10,就进一位。但是说到"位值",许多孩子就感到发"懵"。

那么如何让孩子很好地理解"位值"呢?

从基本概念和原理来解释"位值原理",就是要让孩子明确"用数字和数位结合起来表示数的原则"。同一个数字,由于它在所写的数里的位置不同,所表示的数值也是不同的。也就是说,每一个数字除了有自身的一个值外,还有一个"位值"。例如"2",写在个位上,就表示 2 个一,写在十位上就表示 2 个十,写在百位上,就表示 2 个百。这种数字和数位结合起来表示数的原理,称之为写数的"位值原理"。如果仅仅让孩子观察计数器上写着数位的字,这还只是一种观察、背诵、记忆,孩子难以理解到数位在计数时的作用,如果我们通过一颗"珠"的实物摆放来引导孩子认识和理解"位值",就可以让孩子在好玩、有趣、轻松中学习。

通过摆一摆学具、拨一拨计数器,孩子初步认识了 198 后,我们提问"你能拨出比 198 大的数吗",孩子跃跃欲试。接下来可以精心设计"珠"的"妙"用。给孩子一颗"珠",让孩子拨拨试试。再利用孩子们的"不同"想法进行深入的引导。有的孩子把这颗"珠"拨到了个位上就成了199;有的孩子把这颗"珠"拨到了十位上就出现了"满十进一"的情况,成了208;有的孩子把这颗"珠"拨到了百位上就成了298。我们顺势提出关键问题:"同是一颗'珠',为什么表示不同的'数'?"

这时孩子们会感悟到一个道理:都是加了一颗"珠",为什么会成了不同的数?问题出在哪了?是哪里引起的不同?那是因为"珠"放的位置不同了,所以表示的数值也就不一样了,这就是"位值"。这更清楚地说明,位值记数法是按位置值来记数的方法,就是用一组有顺序的数字来表示一个数的大小,每个数字具体表示的大小,既取决于它本身的数值,又取决于它所在的位置,如百位上的5表示5个百。数字的具体意义取决于它所在的数位。

在数学学习过程中,数的认识占据着重要的作用。要想真正认识数,有两个比较关键及重要的知识点:一是对数量的抽象,例如看到5个苹果能抽象出数字"5";二是数位的含义,即位值,也就是同是一颗"珠"在不同的位置可以表示不同的"数"。通过这颗"珠"的精心设计与妙用,孩子就可以把"位值"理解得淋漓尽致。教学需要大胆改革和创新,也只有这样精心设计更多的"小妙招",引导孩子主动发现问题、分析问题,才能促进孩子们的思维发展。

第 19 问

你会保护孩子"异想天开"的创造力吗?

创新是一个民族进步的灵魂,是国家兴盛的不竭动力。《义务教育数学课程标准(2022 年版)》明确要求,要通过数学课程的学习,发展孩子的实践能力和创新精神。如何去发现和鼓励孩子形成独特的数学思维,发挥他们的创造力,是每一个老师和家长应该重视的问题。

在数学教学实践中,我们经常会发现孩子们的奇思妙想,偶尔有点"异想天开"。我们应该如何看待呢?是置之不理、一笑了之?还是厉声呵斥,让孩子们认清现实?又或者抓住孩子思维的闪光点,肯定其价值,巧妙地引导?这是对大人们教育理念的一个考验,相信智慧的您一定会有自己的选择。

下面是一位老师在"长方体认识"整理复习课中的一个真实活动案例,也许可以给大家一点启发。

活动的主题是"让孩子们动手设计无盖纸盒"。老师在孩子们动手前给他们提供了多张长 16 厘米、宽 8 厘米的长方形纸。

老师问孩子们:"你们可以用学过的知识把这张平面的纸变成一个三维的长方体吗?"孩子们开始摆弄手中的纸张。因为已经学习过长方体展开图,操作起来并不困难。

接下来,老师提出一个更具挑战性问题:"你能不能想方法设计一下,得到一个容积最大的无盖长方体?长度取整厘米,接缝处可以忽略不计。"

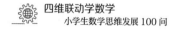

这个问题使孩子们的好奇心和探究意识一下子就被激发出来了。他们自觉地开始研究方案、设计表格、记录数据、列式计算。

一般性的操作思路是裁去长方形四个顶点处的小正方形,这个小正方形边长从无到有,从小到大,依次尝试计算。(图1-30)

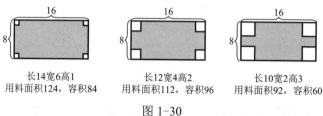

长14宽6高1
用料面积124,容积84

长12宽4高2
用料面积112,容积96

长10宽2高3
用料面积92,容积60

图1-30

运用长方体表面积和体积公式,计算出实际用料的面积和长方体的容积。

这时候,我们看到上图中间的方案是容积最大的。孩子们的探究有了结论,他们的探究过程有序、有据,非常值得肯定和鼓励。

可是,当老师在对这个活动进行总结讲评时,有一个孩子提出了老师没有想到的一个制作思路。

他说:"如果剪下来的正方形不去掉,应该容积更大呀?"这个没头没脑的问题,打破了教室的宁静。

有同学反驳:"那怎么行,没法折呀?"

这时候,老师虽然也不确定孩子到底是怎么思考的,但打算听听孩子的想法。他微笑地看着那个提出疑问的孩子,说:"你有其他的方案吗?"

"剪下来的部分不去掉,我们可以把它们挪到另一边,只是具体怎么剪、剪多少、摆在哪里,我还没想好。"

这个奇妙的想法,让老师恍然大悟。

老师提示课堂上其他的孩子们:"或者,我们可以回想,在推导平行四边形和圆的面积时,是通过什么方法将它们变形转化成长方形的。"

紧接着,老师又建议孩子们按照这个"异想天开"的想法剪一剪、拼一拼、试一试。通过剪裁、平移、旋转、拼接等多种方法的并用、组合,很快形成了新的展开图形(图1-31)。通过计算,孩子们发现,按照这个"奇思妙想"制作出来的长方体,它的容积的确是最大的。这个结论让全班同学都兴奋不已。

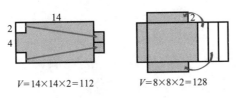

图 1-31

老师鼓励说:"我们学习数学就是要善于动脑。这位同学善于思考、敢于质疑,给我们大家提出了更大胆、更开放的思路,真了不起!"

这个故事告诉我们,也许被我们忽视的"异想天开",就是打开孩子们创造力的钥匙,将带给我们不一样的精彩!

每个孩子在幼年时期,都容易萌发一些新奇的想象力,这是孩子们的天性所决定的,其中往往包含着孩子们天生的创造力。保护、宽容、鼓励孩子那些看似胡思乱想、异想天开的奇妙想法,对打破思维定式、激活孩子们的思维是非常重要的。如果老师、家长对孩子的想象力进行打压,甚至训斥孩子,那么孩子的创造力就会渐渐消失。

从现在开始,珍惜每一个孩子每一次的"异想天开",也许他们就是下一个"阿基米德"!

第 **20** 问

孩子在除法竖式计算中,为什么老错在这个"0"上?

除法的竖式运算,是考察孩子数学基本知识掌握程度和运算能力的一个重要内容。小学数学课程标准中明确要求孩子能够明晰运算的对象和意义,理解算法和算理之间的关系,能够选择合理、简洁的运算策略去解决数学问题。但有的孩子在实际运算中却难以达到要求,而且问题还常常出在"0"上。

三位数除以一位数的竖式计算,既是前面笔算除法的延伸,也为后面将要学习的三位数除以两位数等知识打下基础。这个问题看似简单,但当这个竖式的"商"中间有"0"时,有的孩子就往往漏写或多写,导致答案错误。

以"428 ÷ 4"为例,我们来分析一下(图 1-32):

图 1-32

上面的 5 个式子,只有第 3 个式子是正确的。

那么一道计算为什么出现 5 种不同做法?问题出在哪里呢?让我们从孩子已有知识经验出发,挖掘这些易错点背后的原因,探究理解算理、掌握算法的要领。

1. 通过逻辑推理进行分析

引导孩子观察结果，找出质疑点，思考哪些答案是错误的、判断依据是什么。

① 有的孩子发现 17 肯定是错的。根据已有经验，我们发现被除数的最高位够除，所以商应当是三位数。

② 孩子通过认真的观察会发现 170 也是错误的。因为，根据自己之前学习过的估算知识，可以判断出商的取值范围应该是 100 略多一点，所以 170 太大了。

③ 孩子通过乘法验算可以发现其他错误的答案，验算结果便指向正确答案 107。

通过以上三个步骤，孩子先初步判断出商的位数，再估算判断出商的取值范围，最终通过验算，找到正确的商。这样层层递进的分析过程，有助于增强孩子的数感。

2. 通过数形结合沟通联系

在找到正确答案后，接下来需要关注的问题是："为什么商中间会有个 0 呢？"给孩子提问的机会，引发进一步深入的思考，调动数学活动经验进行探究。

为了解决关键问题，可以借助学具进行直观形象的操作演示。

第一步：理解算理，演示操作看结果。

428 是由 4 个百、2 个十和 8 个一组成的。我们可以先将 4 个百平均分成 4 份，那么每份分得的就是 1 个百。接着我们再来分 2 个十，如果平均分成 4 份，那么每份分不到 1 个十。所以只有将 2 个十拆成 20 个一，同时和 8 个一合起来分，就是 28 个一。把这 28 个一平均分成 4 份，每份所分得的是 7 个一。所以这个题目中的"428"分成"4"份，每份分得的结果应为 107。

用图 1-33 表示：一个大捆表示 1 个百，7 根小棒表示 7 个一，合起来是107。

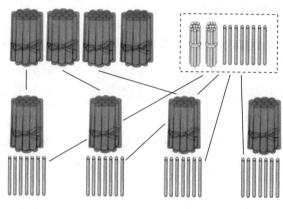

图 1-33

第二步：规范算法。

借助刚才的摆小棒过程，再进行竖式范写。先分 4 个百，商为 1 个百，所以将 1 写在百位上。再分 2 个十，每份不够 1 个十，所以商的十位上不能写任何数，而只能用"0"来占位。然后继续分，就可以得到 28 除以 4 等于 7，结果为 107。这样借助分小棒的过程，就可以解决竖式计算中"商"中间为什么有"0"这个问题。（图 1-34）

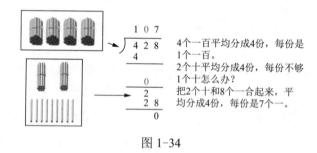

图 1-34

第三步：沟通联系。

每操作一步，都在竖式中找到对应的一个数字，借助分的步骤，理解数字的意义，从而让孩子感受到数（竖式中的数字）与形（分的小棒）的结合，体会数形结合的思想方法，实现理法结合。

第 21 问

为什么不能给孩子贴上"不爱数学"的标签？

"贴标签"与"学数学"之间，从表面上看两者似乎风马牛不相及，但实际关系重大。数学与其他学科相比有其自身的特殊性，一个个数字、图形、线条、公式，天真烂漫的孩子学起来难免感到有点枯燥。如果孩子们在学习数学时，没有取得理想的成绩，我们就容易给孩子贴上"不爱数学"的标签，这很有可能成为影响孩子数学学习的重要障碍，甚至影响孩子未来学习的走向。

"标签"这个东西，看起来不起眼，被贴上后的影响是比较严重的。心理学家发现，一只大象，本应是力大无穷，然而在它很小的时候，把它拴在一个小木桩上，因为小时候它力气太小，经千百次尝试也未能挣脱逃离这根木桩，于是它认为自己无论如何也没有能力摆脱小木桩的控制，心里就会产生一种无助感，长大了也不再试图挣脱。这在心理学上被称为"习惯性无助"。人，作为万物之灵，不可能像动物那样完全被"习惯性无助"所左右，但是如果从小被贴上某个标签，也容易产生某种"习惯性无助"行为。如果给孩子从小贴上不爱说话的标签，那么孩子真有可能会不爱说话了。孩子在成长过程中，有许多知识要学习，难免遇到某个学科的学习难度比较大。假如孩子对数学的兴趣弱一点，成绩差一点，大人们就在人前声张，这个孩子"不爱数学""我小时候也是不喜欢数学"之类，久而久之，孩子也真有可能形成数学学习上的"习惯性无助"，把"不爱数学"的标签贴在了自己的心里，强化了"不爱数学"的意识。其结果

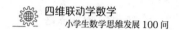
是,孩子会逐步失去对数学的学习兴趣,学习数学所必需的联想性思维、主动性思维、迁移性思维的动力就会受到强烈的心理抑制。而且,孩子在自己数学成绩不理想时,还会自己去找心理依存与台阶,进而不再去努力寻求数学的深度学习和突破。对此,教育者不可不察。

第 **22** 问

怎样帮助孩子发现在空格里"填数"的规律?

找规律填数是小学数学中常见的题型,孩子需要经历发现规律、理解规律、应用规律填数的过程。找规律填数可以综合培养孩子的观察能力、推理能力,也是培养孩子数感的重要途径。但这种题型因为变化多样、灵活性强,孩子出错率较高,所以逐渐成为很多孩子"害怕"的题型之一。

这类题为什么难呢?根本原因就在于孩子的数感和探索能力都不够。面对这类题目,我们可以从两个方面去帮助孩子。

1. 找规律的关键能力——数感培养

看到"4"你想到了什么?有的孩子想到了双数,有的孩子想到了 $2 \times 2 = 4$,有的孩子想到了 2 个 2 个地数,还有孩子想到了与它相邻的数 3 和 5。孩子们数数的经验和熟练度不同,对于"4"这个数的想象力不同。孩子对数的熟悉度、数的感觉会直接影响到找规律的感觉,如有的孩子看到 4,9,16……,马上就想到了 $2 \times 2,3 \times 3,4 \times 4$,有的孩子却很难发现规律,原因就是孩子对数的熟悉度是不一样的。我们往往比较重视的数学训练有计算、解决问题等,往往"轻看"数数,对于一些数数的练习也变成了可有可无的训练,这是不可取的,"数"在数学学习中起着重要的作用。孩子对数熟悉了,才会理解数的意义,才会有顺序感。找规律填数训练的第一步就是和"数"熟悉起来,2 个 2 个数、5 个 5 个数,甚至可以挑战一下 3 个 3 个数,不要每次都从 1 开始数,可以尝试从

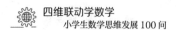

100数、从200数,可以从大往小数等。

2. 找规律的基本技巧训练——方法培养

孩子对数建立熟悉度的同时,我们也要循序渐进地引导孩子发现找规律填数的一些技巧、方法,拓展孩子的思路。

例如:

1,3,5,7,(　　　),(　　　)

2,4,6,8,(　　　),(　　　)

5,10,15,(　　　),(　　　)

首先,观察发现数的特点。题目里的数是单数还是双数?还是其他的有特点的数?

其次,读数找变化。在读数的过程中,寻找两个相邻数之间大致是怎么变化的。

最后,总结归纳数的变化规律。第一,判断数与数之间的变化趋势,是递增还是递减;第二,相邻两个数之间递增或递减了多少,确定变化的相同数,从而进行规律的总结。

3. 找规律的提高技巧训练——能力培养

有了基本技巧训练的"三步"后,我们也可以给孩子拓展一些难度比较大的找规律训练,层层"加码",不知不觉提高孩子解决找规律题目的能力。这类训练可以适当增加奖励,变成一种"趣味"探索,不要让孩子害怕它的难度。

(1) 组合加减类题目

① 递增"累加",下一个数是前两个数之和

1,1,2,3,5,8,(　　　),21

② 递增"累乘",下一个数是前两个数之积

1,2,2,4,8,32,(　　　)

③ 倍数递增

6,12,18,(　　　),(　　　)

④ 周期问题

1,2,3,4,3,2,1,2,3,4,3,2,1……第2005个数是(　　　)

(2) 间隔加减类题目

14, 1, 12, 3, 10, 5, ( ), ( )

找规律的能力是小学数学的基本技能。小学的找规律其实还比较简单,只有运算,不会有太过麻烦的加、减、乘、除,但也没有一劳永逸的方法。只有通过循序渐进的训练,让孩子去体验找规律的技巧和常用的方法,并灵活应用,孩子才能逐渐掌握"填数"题的解决方法。

第 23 问

如何引导孩子走出时间的"误读区"？

在"读时间"学习时，老师们发现了一个奇怪的现象。孩子们常常把4：55 读成 5：55，而且这不是个别现象。为什么这个"时刻"成了孩子们的"误读区"？

其实，问题就出在孩子对"接近整时"的时刻判别上。

平时，在引导孩子认读这个"时刻"的时候，老师和家长都会对孩子们说："一定要仔细认真判别，是不是到了 5 时？如果没有到就是 4 时多，需要仔细地看清楚！"但是，当出现错误识别的时候，孩子也感到很委屈："我很认真地按照老师的要求去读的：先看时针走过几，就是几时，再看分针指着几，读出几分，为什么就错了呢？"

究其原因，问题就出在孩子们在识别"时刻"的时候，因视觉上的差异性，对"接近整时时刻"作出了盲目的判别，所以导致失误。教育心理学揭示，我们的视觉是眼睛和大脑一起工作的结果。有时视力的错觉会使人们对某个物体的相对距离作出错误的判断。在孩子识别时针的时候，因为从表面上看，在4：55 的时候，时针指到的刻度点，的确是非常接近 5 时。这个直观视觉是很容易干扰孩子大脑思维判断的。

那么，我们该在哪里用力，帮助孩子走出这个"误读区"呢？有没有科学有效的方法可以让孩子真正理解时刻的意义呢？

我们知道,对时间的认识在小学阶段主要分三个层次段:"认读整时、大约几时"为第一次认识;精确地读出"几时几分几秒"为第二次认识;"12时计时法和24时计时法"为第三次认识。我们今天讨论的这个问题就属于在第二次认识时间的阶段出现的问题。为了让孩子走出这个"误读区",就要在根据"三次认识"阶段的不同情况,引导孩子在"比较"中认识到直观识别的微妙差异。

因为"比较"是孩子克服视觉误区的心理机制。我们以下面三个钟表的图形(图1-35)为例,就可以说明问题。

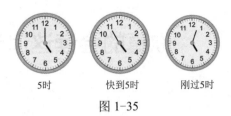

5时　　　　　快到5时　　　　刚过5时

图 1-35

这里第一个是5时整,第二个是快到5时,第三个是刚过5时。假如我们能针对孩子的心理,将"比较"的方法和原理应用到克服认识时间的"误读区"上,引导孩子在这三种视觉状态的直观呈现中反复比较、鉴别,就可以达到有效教学目的。

在第一次教学时间的时候,我们要让孩子真正理解:5时,在时间概念上就是指"正好到了5时整";快到5时,就是指"还没有到5时,实际上它所指的就是4时多";而刚过5时,所指的就是"超过5时"。

在第二次教学准确认读时间的时候,我们要继续进行比较鉴别。通过对比辨别"快到5时"和"4时55分"两种状态,就可以让孩子发现,"快到"的概念体现到准确认读上就是4时某分,虽然接近5时,但还没有到5时。这样孩子再碰到"接近整时的时刻",就会主动规避误读的判断,按快到但没到,即仍是4时多的认识来正确回答。

在这个比较的过程中,还有一个非常重要的地方,就是不能单纯地看时针,而要将时针、分针结合起来进行观察。这样关联、比较教学,既激活了孩子们视觉纠偏的心理机能,又达到了真正理解时刻意义的教学目标。当孩子看到4:55时,第一反应如果是"快到"5点,而不是"已到",那么这时候孩子就是认识到了"快到"的原理,预防误读的心理机制就形成了。

第 **24** 问

你真的会读这道计算题吗？

48 × 125 × 25，这道计算题你们做过吗？看到这样的题目第一感觉是什么？这道题经常出错！

$$48 \times 125 \times 25$$
$$= (40 + 8) \times 125 \times 25$$
$$= \underline{40 \times 25 + 8 \times 125}$$

$$48 \times 125 \times 25$$
$$= (40 + 8) \times 125 \times 25$$
$$= \underline{40 \times 125 + 8 \times 125 \times 25}$$

$$48 \times 125 \times 25$$
$$= 8 \times 6 \times 125 \times 25$$
$$= \underline{8 \times 125 + 6 \times 25}$$

上面这些错误为什么会产生呢？

孩子一看到 125 立马想找 8 配对，看到 25 立马想找 4 配对，为什么一做，结果还是错了？像上面第三种算法，孩子把 48 分成两个数相乘，看起来很简单，结果又用错了运算律，还是出错。

到底怎么回事？好多孩子把错归结为粗心、没好好审题。其实问题在于读题。一道简单的计算题也要好好读题，读题的学问可不小。让我们先来认识一位数学家波利亚，他对数学问题解决的宏观思考过程进行了分析，认为数学解题应分为四个步骤。

理解题目（弄懂题目的已知和未知）

↓

拟订方案（已知和未知的联系）

↓

执行方案（利用联系解决问题）

↓

检验回顾（反思和检验推理的有效、演算的正确）

我们一起先看看这道题都能读出什么,把理解的过程显性化,建立一个思考的模型。

第一层,明白这道题是干什么——凑整简算。

这是三个数相乘,一个因数是 125,一个因数是 48,还有一个是 25。必然要拆 48。怎么拆 48 呢? 可以把 48 拆成 40 + 8,也可以把 48 拆成 4 × 12、6 × 8,等等,把所有可能的情况都列举出来。

$125 × 25 × (40 + 8)$

$125 × 25 × (2 × 24)$

$125 × 25 × (3 × 16)$

$125 × 25 × (4 × 12)$

$125 × 25 × (6 × 8)$

第二层,边读边思——优化拟定计算思路。

对于拆分出的五种情况,下面一起来分析分析。

$125 × 25 × (2 × 24)$

$125 × 25 × (3 × 16)$

$125 × 25 × (4 × 12)$

这三个不能选,因为没有拆出 8 或 4,计算时不简便。虽然 $125 × 25 × (40 + 8)$能拆出 40 和 8,但要用乘法分配律,根据乘法分配律:$125 × 25 × 40 + 125 × 25 × 8$,运算更复杂,不简便。

第三层,执行方案——选择最优解法。

最后经过分析发现,将 48 拆分成$(6 × 8)$,算式变为 $125 × 25 × (6 × 8)$,4个因数连乘,相比较就要简单一些。

这道题目如果在孩子刚学完乘法结合律时出现,孩子的出错率一般很低。一旦学习了乘法结合律和乘法分配律之后,反而错误会增加。因为孩子只学习了乘法结合律,他们只能想到乘法拆分。这个地方就应该把加法和乘法的两种

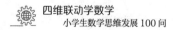

拆分形式同时给孩子,让他们来辨析,从而建立起对这类题目的正确理解。如果等到乘法分配律学完后老师再进行辨析,那就为时已晚,孩子更难理解了。

计算也要读题,读题应是理解信息的过程,仅仅把数据读出来,不是读题。孩子只有在读题的过程中能充分地消化和领会信息,结合信息或数据有了自己的想法或初步的方案,才能经过分析处理选择合适的解决方法。

孩子们,以后遇到计算题,要这样好好读题,理解透彻,找到合适的方法再动笔计算,这样计算的正确率一定会大大提高!

第 25 问

为什么要把数放在格子里?

在学习了"100 以内数的认识"之后,课本就多次出现这样的表格(图 1-36)。

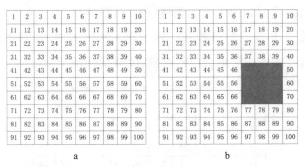

图 1-36

有人会说,这有什么新鲜的? 不就是把我们学过的数放在格子里了!

别看是学过的数,如果把它们放在格子里,作用可大了。

给这些数的位置作出界定并且有序地排列在一起,就成了一个小的数系统。看看这些格子都能帮我们做些什么。

1. 加深对数的认识

把 100 以内的数放在格子里,从不同的角度观察,会有不同的发现。横着看,后数都比前数大 1;竖着看,后数都比前数大 10;斜着看,左斜大 9,右斜大

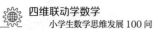
11。原来是不同位置上的数,在某一位或某两位上发生变化,不同数位上的计数单位不同,因而会一个一个地变化,或成十成十地变化。通过探寻这些规律,你对数的认识是不是更深入了呢?

2. 锻炼思考能力

猜一猜图1-36b中硬纸板下面盖住了哪几个数。盖住的数最小的是多少?最大的是多少?这两个数相差多少?照上面的方法玩一玩,你有什么发现?

要把纸板底下的数猜出来,名为猜,实则是对表格中数的位置关系的应用。我们需要知道这些相邻数之间的关联和规律,对数在表中的位置有清楚的认识,并根据数在表中的位置推算出盖住的最大数和最小数。没有点的深入,就没有面的提高,没有对百以内"个别数"的深入认识,就没有对百以内数的"整体认识"的提高。这一表格的应用可以对孩子的思维进行深入锻炼。

3. 更好地理解概念

在一开始进行倍数和公倍数的学习时,我们往往采用列举的方法寻找倍数和公倍数。如果我们利用下面的表格(图1-37),用△圈出4的倍数,用○圈出6的倍数,那么4和6的公倍数就一目了然。相比较而言,利用表格寻找公倍数要比列举的方法更加简单、直观、有效,能够帮助孩子更好地理解概念。

用△圈出4的倍数,用○圈出6的倍数。

1	2	3	4	5	6	7	8	9	10
11	12	13	14	15	16	17	18	19	20
21	22	23	24	25	26	27	28	29	30
31	32	33	34	35	36	37	38	39	40
41	42	43	44	45	46	47	48	49	50

表中4和6的公倍数有 _____。
4和6的最小公倍数是 _____。

图1-37

把数放到格子里,可以让我们进一步认识数的个体、数与数之间的联系,寻找它们的变化规律,进一步建构数的整体认识,使数感发展更深刻、更厚实。

第 26 问

如何教会孩子"摆小棒",让"数学思维发端于动作"?

　　不知您有没有发现,有的孩子在上小学之前就已经将 20 以内的加减法甚至 100 以内的加减法都熟记于心,并能进行正确计算。但上了小学后,一旦开始快速计算,孩子还是会频频出错。

　　问题到底出在哪呢?原因在于我们被孩子的超强记忆力蒙蔽了双眼,只看到他们会算,就以为他们都理解了,而忽视了低年级孩子具体形象思维的特点,没有让数学思维发端于具体形象的动感之中。如果我们能够用好"摆小棒"这样一种简单易行但又形象有效的方法,定能撬动孩子数学思维的灵感,理解并掌握基本知识。

1. "以动促思",让小棒的杠杆撬动孩子数学思维的灵感

　　对于低学段的孩子,数的概念学习往往是比较抽象和枯燥的,而"摆小棒"的应用可以解决数学的抽象性与孩子认知水平局限性之间的矛盾,使知识建构更加形象"有趣"。因为数字学习都有一个从"具体"到"抽象"的过程,我们可以借助小棒的杠杆力量,完成这个过程。例如,在认识 10 以内的数"2"时,先从 2 个苹果、2 朵花、2 块糖、2 本书……这样具体的物体中去认识"2"这个数字。再借助小棒进行第一次的抽象,在边"摆小棒"边说中,让孩子明白 2 根小棒可以表示数量是 2 的"所有物体"。最后抽象出数字"2"。其实"摆小棒"不仅搭建了具体事物与数字之间的桥梁,也沟通了数字与数量之间的关联,有

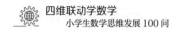
利于数感的形成。孩子在摆的过程中观察、掌握数的组成,形成数概念。这样"以动诱思"的操作,可以帮助孩子在操作中体验、在操作中感知数学知识。

2. "以思促动",让小棒的情境帮孩子理解算理

所谓算理,就是计算过程中的道理。很多时候,算理蕴含在情境中,也体现在摆一摆、分一分的操作中。例如,在学习 63 ÷ 3 时,孩子对如何进行竖式计算犯了难。这时,我们就可以借助小棒帮助孩子理解算理。63 用 6 捆小棒和 3 根小棒来表示。先把 6 捆小棒平均分成 3 份,每份是 2 捆。"2 写在哪里?"因为 2 捆小棒表示的是 20 根,也就是 2 个十,所以应该写在十位上。接下来把 3 根小棒平均分成 3 份,每份是 1 根,表示 1 个一,所以 1 写在个位上。通过分小棒的过程,孩子能够明确各个数位上数字的由来,从而理解竖式计算的算理。

3. "以摆激趣",让"摆小棒"的变化培养孩子数学兴趣

孩子的兴趣来自实践与探索,激发孩子的求知欲望,学习的效果会事半功倍。孩子活泼好动,"摆小棒"可以让孩子感受经历、体验、感悟、探索的过程,充满兴趣地探索数学新知识。

例如,认识计数单位"十"时,拿出几十根小棒,通过猜一猜、摆一摆、想一想、说一说等形式,切入主题,进行演示、操作,放手让孩子自己数出 10 根小棒并捆起来。即使孩子的操作是错误的,也是一种体验。在孩子捆 10 根小棒的环节中,可以让他们多捆几次,让孩子每捆一次就增加一份对"十"的体验,促进对数学的十进制的理解,同时也为后续摆更多数字做好铺垫。

"小棒"这简单的学具,却有着非常重要的作用。它可以使复杂的数学问题简单化,使抽象的计算问题具体化,帮助孩子培养数感、理解算理、激发兴趣,它可以是开启数学学习之门的金钥匙之一。

第 **27** 问

你知道写数的小窍门吗？

我们说的大数通常指的万以上的数，会出现百万、千万、亿、十亿、百亿、千亿，写这些数字的时候会是长长的一串，多的时候十几位。因为它的"长"，"写数"出错就在很多孩子身上出现了。如何让孩子学会"写大数"的正确方法呢？

首先，我们先来分析一下，"写大数"出错的主要问题有哪些？

1. 写大数的"种种问题"

一是孩子的轻视。万以内的"小数"，孩子写起来比较容易，孩子只要在脑海中"稍微"一想，就能写对。到了学习大数的时候，很多孩子能听会方法，但感觉麻烦，还是沿用自己写数的经验，直接凭感觉写，懒得用老师的方法。

二是孩子的不理解。孩子初次学习大数时，计数单位、数位、数位顺序表等一下全部教给孩子，还要会读、会写，如果前期没有建立起"直观"感知，个别孩子会出现不理解的情况。

三是特殊数出错。在写中间有零的数的时候，部分孩子的出错率会比较高。"末尾的 0 不读，数中间的 0 读一个"这个规则，孩子读数时比较容易，如4005，学生可以直接看到 0 的个数，按照读数方法读就可以。但写数就不一样了，学生需要在脑海中"盘算"一下："中间读的这个零应该写几个？"孩子"盘算"错，就错了。

问题找到了,那么"写大数"的正确方法是什么?

2. "写大数"的有效方法

以上三个主要问题其实可以归为一个:孩子脑海中有没有"数位顺序表"。回顾数的认识的过程,对于一位数(10以内的数),孩子需要理解计数单位,如5就是5个一。对于两位数(100以内的数),出现了"十进制",10个一成为1个十,如何体现呢? 就是把这1个十放在十位上,也就是位置值制,我们的计数就是按照"十进位置值制"。写数也应该按照"位置值制"来写,简单来说,就是从高位开始,按照数位顺序依次来写,脑海中要有"数位顺序表"。(图1-38)

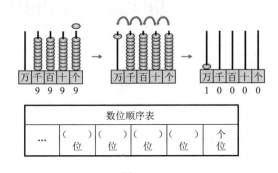

图1-38

但是,"数位顺序表"不是等到孩子学大数时一股脑地抛给孩子,而是要做好规划,在前期学习万以内的"小的数"时,就应给孩子"直观渗透"。到了学习大数时,只需要增加分"数级",而每一级其实就是"万以内的数",这样写起来就容易多了。因此,建立"写数"规则的过程应该有三步。

第一步:百以内的写数要通过计数器建立起"直观"的数位顺序表。

在认识新的计数单位时,应该利用"计数器"上的数位,建立起"顺序"。如认识"十"时,"10个一就是1个十",个位左边就是十位的位置,这个位置的1个珠子就表示1个十。进一步,认识"百"时,"10个十就是1个百",在十位左边又增加了一位"百",这个位置就表示几个百,明确百位是第三位。"计数器"就是最直观的数位顺序表。

第二步:万以内的写数时,数位顺序表适时现身。

有了"计数器"这个直观的数位顺序表后,认识千以内的数时,就要重点给孩子渗透数位了,如198加一个珠子,同一颗珠子,加在不同的数位上结果就不同,让孩子感受到数位的意义。到了写万以内的数时,就要借助计数器明确给孩子抽象出数位顺序表,写数时就要要求孩子按照数位顺序表的顺序来写,给孩子养成写数好习惯。如写"四千零五",孩子看到最高位是千,便知道这是一个四位数,按照"千、百、十、个"的顺序依次按照数位写出数。

第三步:万以上的写数通过数位顺序表分级来写。

孩子有了扎实的四位数的数位顺序后,理解大数的"数位顺序表"就比较容易了。而大数写数就是增加分级,每一个级别上就是"四位数"的书写,个级(个位、十位、百位、千位)、万级(万位、十万位、百万位、千万位)……如在写"一亿零四百三十万三千一百零二"这个大数的时候,只需要增加分级这个写数的步骤,通过圈或画虚线分好级,每一级按"千、百、十、个"的顺序来写就可以了。(图1-39)

数级		亿级				万级				个级			
数位	…	千亿位	百亿位	十亿位	亿位	千万位	百万位	十万位	万位	千位	百位	十位	个位
计数单位	…	千亿	百亿	十亿	亿	千万	百万	十万	万	千	百	十	一(个)
写					1	0	4	3	0	3	1	0	2
读					一亿	零	四百	三十	万	三千	一百	零	二

图1-39

家长在辅导孩子写数时,只需要落实和应用老师讲的方法,在学习万以内的写数时,指导孩子按照计数器上的数位顺序来写;在学习大数时,关注孩子是否有分级的意识,孩子作业上的"虚线"分级就说明孩子脑海中有了"数位顺序表"。只有这样才能实现家校协同共育的目标,把学习的方法落到实处。

第 **28** 问

如何教孩子读懂"方格图中画图形"时的"数学语言"?

在"方格图中画图形"的内容,贯穿于小学各个年级段,是孩子必学的重要内容之一。充分发挥"方格图"的优势和作用,有利于帮助孩子构建良好的空间感、方位感、距离感,促进数学思维的提升。但实践中,因为"方格图"有定制的"1",在上面画图看起来很简单,孩子们往往容易轻视。

假如你问孩子:"你会在方格图上画图形吗?"孩子定会回答:"当然会了!方格图的小方格边长都是 1,它们所在的线或者相互平行,或者相互垂直,在它上面画图,很容易。"真的是这样吗?简单的方格图绘图中,还有哪些需要挖掘发现的价值呢?

1.读懂"方格图"绘图透视出的数学语言

方格图虽然给我们提供了距离、方位的便利,相互平行的线和相互垂直的线很容易找,长度也容易数出来,但在它上面画图形并不是那么简单。有的孩子特别随意,画了涂,涂了再改,完全凭感觉,最后看似像了,但细节上却经不起推敲,还停留在对图形初步感知的层面上。如果要求把画的方法显性出来,用数学的语言描述过程,很多孩子就说不出来了。

实际上,方格图涵盖了小学数学阶段所有几何图形的知识点。方格上画图形就是数学语言的一种直观呈现,是综合、全面地考察孩子认知能力水平的试金石,可以充分锻炼和培养孩子的空间感和距离感。比如,在方格图上画出"平行四边形和梯形"就是孩子充分掌握了图形的基本特征,并结合"垂直"以及"平行"等基础概念,利用方格图中的"特有"数据,进行学习效果的外显表达。

2. 充分理解不同图形的本质特征

在图形作业中,需设定一定的步骤层次(或者画图思路),一步一步去完成。方格纸画图也有着丰富的思维含量。由于不同图形的特征是不一致的,具体的图形绘制方法有差异。例如,绘制正方形和长方形,考虑它们的对边相等,四个角都是直角,所以直接按照方格图的框架进行绘制即可;而在三角形的绘制过程中,我们可以让孩子们发挥自身的创造性思维,架构出想象中的样子,先画出一条线段,再通过找点连线的方式进行绘制;平行四边形的主要特征是对边平行且相等,抓住这个特征,我们只需要在方格图上画出等长的两条相互平行的线段就可以了。(图 1-40)

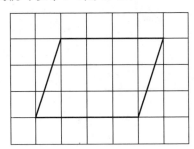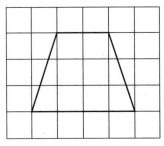

图 1-40

3. 注意方格图绘制的附加要求

在方格图中画图形的数学语言具有多样性,有时我们也会遇到有一定附加要求的作图,比如说梯形。它的定义是只有一组对边平行的四边形,所以普通的梯形我们只需要画一长一短相互平行的两条线段,然后进行连接就可以了。但如果要绘制等腰梯形,那我们就要多一层思考了,要对这一长一短线段的位置进行规划,先画一组等长的平行线段,然后将其中的一条分别向左右两边延伸相等的长度,最后再进行连接。如若要求绘制直角梯形,这一长一短对边的位置就要重新考虑,做到一端对齐,这样连接的线段就能保证与上下底边相互垂直。

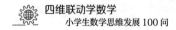
　　由此可见,"方格图"绘制中的"数学语言"是丰富多彩的,每一笔、每一画都应进行缜密的思考与细致的操作,以实现方格图由抽象到具体、由模糊到清晰、由现象到本质的转变,这样才能胸有成竹,完美绘制。

第 29 问

小学数学教学实践中遇到的重点现实问题有哪些?

基于提升教学质量及发展孩子核心素养的需求,在教育实践中必须认真思考和解答标题这个问题。作为孩子学习的引导者、合作者的老师,要想充分调动孩子的自主学习积极性,寻找到适合孩子的学习方式,激发孩子的学习自主性,提升孩子的自主学习能力,就要了解孩子的心理状态及影响其素养发展的因素。我在长期教研、教学、科研一线实践中,发现了孩子的三个不足。

1. 质疑精神与学习动力不足

在课堂教学的过程中,经常存在这样的现象:老师是课堂的主导者,孩子只是被动地跟着老师走,老师让干什么就干什么,孩子缺乏主动性,不愿意思考,也不会思考。究其原因有两个方面,一个方面是老师在长期的教学过程中,没有关注孩子质疑能力的培养,采用讲授式教学,教学内容无法激发孩子探究的兴趣,缺乏有效的教学策略激励孩子学习的主动性;另一个方面是孩子在长期被动地接受数学学习过程中,不愿意思考为什么,失去了提出问题的能力,也由于知识学习的零碎化,缺乏知识间的关联,因而也无法提出真问题。

例如,在"求小数近似数"中,保留一位小数时,2.04 约等于 2.0,这里的2.0 的小数部分末尾的 0 不能省略。但是在前面学习小数的化简时,2.0 要省略小数部分末尾 0 写成 2。为什么保留一位小数求近似数要保留这个 0 呢?两者产生了矛盾,但是孩子缺乏主动深度思考其中道理的能力,不思考为什么。

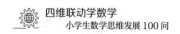

再如,在五年级下册"用数对确定位置"这节课中,由点子图转化到方格图中后,横、纵坐标的交点处出现了一个0,有的孩子没有看到,还有的孩子即使看到了,也不会思考为什么。

2. 举一反三、迁移类推的反思能力不足

在新知识的学习以及解决问题的过程中,有的孩子只能就题论题,没有真正地理解知识本质,遇到新的情境不能举一反三,不能迁移类推,无法进行知识关联。遇到较复杂的、综合的、生活化的问题不会解决,无法与学过的思想方法关联。分析原因,一是老师没有从孩子认知的困惑点和认知难点出发采用有效的策略,让孩子理解知识的本质,建构新知与旧知的关联,促进孩子认知结构的完善与发展,形成有效的思维路径;二是孩子在学习的过程中,没有建立新旧知识的关联,没有建构知识与自己的认知结构的关联,完善自己的认知。在解决问题的过程中,孩子没有将知识与问题关联,与思想方法关联,只是死记公式,生搬硬套,无法分析问题,找到解决问题的切入点,找到有效的思维路径,灵活地关联原有的认知去解决问题,无法举一反三,迁移类推。

例如,在"多边形的面积"的学习过程中,在学习"平行四边形面积"时,将平行四边形通过割、补等方法转化成长方形,渗透了非常重要的数学思想方法——"转化",将求未知图形(平行四边形)的面积转化成已知图形(长方形)的面积。但是在后面"三角形面积"的学习中,孩子无法将转化思想进行有效迁移,没有将三角形转化为平行四边形或长方形的意识。再如,孩子在最大公因数和最小公倍数的学习过程中,有一道题:$a \div b = 1……1$,a 和 b 的最大公因数是(   )。这道题有的孩子不知道如何入手,究其原因,孩子看到这个式子联想不到相邻两个数的最大公因数是 1。

3. 变浅表性理解为深度思考的能力不足

孩子仅关注知识的表层理解,进行简单的机械性学习。教师只关注学习结果而忽略了孩子对过程的体验和对知识本质的理解与把握。究其原因,一方面,教学过程过于零散,缺乏知识之间的关联,缺乏知识与孩子认知结构的关联,缺乏对于知识本质的教学;另一方面,孩子没有形成良好的联想性思维,没有形成结构化思维,缺乏对知识本质的认知,不能进行深度学习和思考。

例如，"三角形的分类"这节课中，孩子学习完了按角分、按边分之后，当老师再拿出一个等腰直角三角形时，有的孩子说是直角三角形，有的孩子说是等腰三角形。孩子之间出现了互相质疑辩论的情况，辩了一段时间后才发现它既是一个直角三角形，又是一个等腰三角形。孩子缺乏主动从边和角两个角度认识三角形的意识，也就是结构化思维。

　　综合以上思考，解决这些问题的关键就是，提升孩子学习的主动性，增强孩子迁移类推的能力，注重关联教学，促进深度学习的发生。

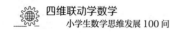

第 **30** 问

如何进行关联教学，促进深度理解发生？

数学本身的学习就是利用已有的知识经验解决新知识的过程，是已有认知结构与新知识之间不断作用，知识与认识不断关联、不断建构的过程，而数学的最终目标也是为了能够引导孩子用数学知识解决生活问题，是数学与生活关联的过程，用数学的眼光去观察现实世界、用数学的思维去思考现实世界、用数学的语言去表达现实世界。关联教学主要从以下四个方面展开。

1. 建立知识与认知结构的关联

知识与认知结构的关联是四维关联中最为本质的关联。数学的学习活动是一个以孩子已有的知识和经验（已有的认知结构）为基础的主动建构的过程，在不断探索研究的过程中，对已有的认知结构进行调整、扩充或重新组合，逐步形成新的认知结构。教学的根本目的就是建构孩子内部的认识结构，使外在的知识体系与内部的知识结构建立关联。

而现在教材单一的知识结构性特点，阻碍了孩子主动构建能力的发展，这就要求老师对数学知识有整体认识，关注"知识点"背后的知识的整体结构关系，引导孩子借助问题解决、认知冲突、引发反思等策略，把外在的知识转化为自己内部的认知结构。

2. 数学思想方法与解决问题能力的关联

数学思想是从某些具体数学认识过程中提炼出的一些观点,而数学方法则是解决具体数学问题时所采用的方式、途径和手段。通过问题解决的数学方式来发展思维,可促进数学思想方法的掌握、综合能力的提升。同时,借助数学思想方法来解决问题,能够发展孩子的思维、推理和元认知技能,促进数学应用,将数学内部与数学和其他学科建立联系。两者的双向交互,体现了数学思想方法对孩子终身发展的重要性。

数学教学由关注学科知识方法传授转变为促进人的发展,注重孩子掌握现实生活中的数学问题,形成孩子各自的"现实数学"。孩子学习数学通过不断的练习,对日常现实生活进行数学抽象,用现实的生活去理解、探究,不断冲击数学思想方法与解决问题能力的关联,从而提高解决问题的能力,培养应用意识。

3. 孩子认知结构中的新知与旧知的关联

数学是一门结构性、逻辑性很强的学科,一些知识之间存在逻辑顺序,一些知识之间存在实质性的联系。这些联系存在于不同的知识领域,也体现不同的内容领域。这就需要老师能够具有整体性的备课意识,让孩子原有的知识体系与新知识点之间建立关联,帮助孩子感悟这种顺序,理解类似的实质性联系,建立新知与旧知的关联,展示数学知识的整体性和数学方法的一致性。

4. 数学与其他学科的关联

数学的许多内容与其他学科知识有密切的联系,随着孩子学习的深入,其他学科的知识也将成为孩子的"现实"。孩子利用数学独有的思维方式及数学感悟,从不同角度去认识世界、剖析"现实",将复杂问题转化为多个简单问题的组合,建立了数学与其他学科的关联。数学学习使孩子具有较强的信息意识与创新意识,养成数字化学习习惯,具备重视信息安全、遵守信息社会伦理道德与法律法规的素养,为 STEM 教育、项目化学习、跨学科教育等提供了支撑,实现了数学更广义的价值。

因此,要立足于学科育人,凸显数学的学科本质关联,关注孩子思维发展,注重知识应用,改善教学观,引导老师关注孩子思维发展,帮助孩子建立完整、

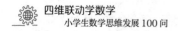
迁移能力强的数学认知结构,提升孩子思维能力与学习观,使孩子自主学会建构,进行有意义的学习,促进多元智能的发展。

第二章　生活点趣

　　生活如同一幅色彩斑斓的画卷,潜存很多的光点,蕴藏许多趣味。在数学学习中"点"击到这些生活的趣味,让孩子知道日常生活中数学应用的那些事,通过生活真情境释放数学兴趣,可以激励思维,充盈快乐,使枯燥的数字变得生动、灵动、能动。

第 31 问

你读懂了微信支付背后的"数字"吗？

现在我们常常会见到这样的画面：妈妈带着孩子去超市买东西，出门时，手机一刷就成交，孩子们已经看不到货币交易的过程。那么孩子们真的读懂了"手机一刷"背后的"数字"就是"纸质人民币的化身"吗？还有没有必要让孩子认识"数字"背后的人民币？

这是一个非常现实的问题，电子货币通行的今天，纸质人民币使用的频率越来越低。在纸质人民币逐渐淡出人们视野的情况下，对孩子加强人民币的认识教育不仅需要，而且迫切，这是前沿教学改进的必须和必然。

在小学数学课堂上，我们也教学"人民币认识"，但侧重纸质人民币的教学。而由于生活中纸质实物人民币使用的频率低，课堂上我们即使让孩子拿来了"学习币"或者真的人民币，也因为和孩子们的真实生活环境脱轨，人民币仅仅是作为课堂的学具存在，失去了价值的直观感觉。

那么，认识人民币的教学应该是什么样子？应该怎样适应时代的发展而改进？这是一个值得探究的课题。我们一方面有必要加强纸质人民币的教学，通过实物人民币，引导孩子对人民币的图案、大小、颜色、形状、币值、种类等有初步的认识，形成对"钱币"概念的建构。另一方面，必须将"纸质"和"虚拟"关联，在生活和数学之间架起一座畅通的桥梁，让孩子们理解手机上"数字"人民币的本质意义和时代价值。

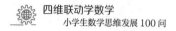

在我们教学人民币相关知识时,有必要从手机移动支付切入,唤醒孩子的生活经验。

可以为孩子创设一个手机情境,以视频导入移动支付画面,引导孩子们思考:扫码"扫"的是什么?(图2-1)

图 2-1

老师要通过真实的生活情境和抽象的数字,引出直观的、可触摸的纸质人民币,使孩子认识人民币的百元、十元、元、角、分的定义。比如,元是人民币的基本单位,角是现流通实物人民币的最小单位,分在市面已停止流通,只作为"数字"存在等。在孩子们了解了它们的定义及换算方法后,再把纸质人民币放入虚拟,重新回到移动支付。这时的支付就不再是"数字"了,孩子眼中看到的是"数字"背后的人民币及价值。

教学中还可以与家长配合,借助生活真实感受人民币的价值交换,让孩子感受自己学会使用人民币的快乐、体验父母挣钱的辛苦、养成良好的节俭习惯、学会感恩父母和爱心奉献。这样一来,通过人民币在手机上现身和在实践中的使用过程,形成了一个完整的教学实践链条,使孩子真正读懂它的价值。这样的"人民币的认识"才是完整的、不脱离实际的认识,我们的教学价值也从中体现出来。

同时,人民币教学也是数学文化教学的重要一环。应通过介绍古、今货币的发展过程,既教育孩子了解古代劳动人民的交易方式,认识由"以物易物"到"货币交易"的发展历史,了解我国货币变迁发展的悠久,又向孩子重点介绍货币由"实物货币"到金银等"贵金属货币",到纸质等"代用货币",再到现在的

"电子支付货币"的发展过程,使他们懂得货币发展由低级向高级演变的规律,触摸和感受纸质人民币,感悟人民币的价值。这个过程便给手机支付的"数字"赋予了历史文化意义。因此,要通过微信等现代支付手段在我国率先使用和普及,让孩子们感受到人民币的国际地位、现代科技发展对社会和生活的影响等,产生民族自豪感,从而使人民币教学成为现代科技和爱国主义教育的过程。

第 **32** 问

坐一趟地铁到底有哪些数学问题要你解决?

数学无处不在。通过数学眼光,能够在实际情境中发现和提出有意义的数学问题,进行数学探究;通过数学思维,能够合乎逻辑地解释数学的基本方法,分析、解决实际问题;通过数学语言,能够有意识地描述现实生活中事物的关系,并能解释表达的合理性。比如坐一趟地铁,你到底能遇到哪些数学问题呢?

让我们带着孩子来到青岛地铁站,进行一次旅行试试。

1. 购票问题

青岛地铁票价政策采用里程分段计价,起步价 2 元,起步里程 5 千米。(图 2-2)

5～10 千米(含),票价为 3 元。

10～17 千米(含),票价为 4 元。

17～27 千米(含),票价为 5 元。

27～38 千米(含),票价为 6 元。

38 千米以上部分,票价每增加 1 元,可多乘坐 20 千米。

① 假如你坐青岛地铁 2 号线一期,这一线路共设车站 21 座,全程 25.2 千米,乘坐全程需要花多少钱?

2号线

	泰山路	利津路	台东	海信桥	芝泉路	五四广场	浮山所	燕儿岛路	高雄路	麦岛	海游路	海川路	海安路	石老人浴场	苗岭路	同安路	辽阳东路	东韩	华楼山路	枣山路	李村	李村公园
泰山路		2	2	2	2	3	3	3	3	3	4	4	4	4	4	4	4	4	4	4	4	4
利津路	2		2	2	2	2	3	3	3	3	3	4	4	4	4	4	4	4	4	4	4	4
台东	2	2		2	2	2	2	3	3	3	3	3	4	4	4	4	4	4	4	4	4	4
海信桥	2	2	2		2	2	2	2	3	3	3	3	3	4	4	4	4	4	4	4	4	4
芝泉路	2	2	2	2		2	2	2	2	3	3	3	3	3	4	4	4	4	4	4	4	4
五四广场	3	2	2	2	2		2	2	2	2	3	3	3	3	3	4	4	4	4	4	4	4
浮山所	3	3	2	2	2	2		2	2	2	2	3	3	3	3	3	4	4	4	4	4	4
燕儿岛路	3	3	3	2	2	2	2		2	2	2	2	3	3	3	3	3	4	4	4	4	4
高雄路	3	3	3	3	2	2	2	2		2	2	2	2	3	3	3	3	3	4	4	4	4
麦岛	3	3	3	3	3	2	2	2	2		2	2	2	2	3	3	3	3	3	4	4	4
海游路	4	3	3	3	3	3	2	2	2	2		2	2	2	2	3	3	3	3	3	4	4
海川路	4	4	3	3	3	3	3	2	2	2	2		2	2	2	2	3	3	3	3	3	4
海安路	4	4	4	3	3	3	3	3	2	2	2	2		2	2	2	2	3	3	3	3	3
石老人浴场	4	4	4	4	3	3	3	3	3	2	2	2	2		2	2	2	2	3	3	3	3
苗岭路	4	4	4	4	4	3	3	3	3	3	2	2	2	2		2	2	2	2	3	3	3
同安路	4	4	4	4	4	4	3	3	3	3	3	2	2	2	2		2	2	2	2	3	3
辽阳东路	4	4	4	4	4	4	4	3	3	3	3	3	2	2	2	2		2	2	2	2	3
东韩	4	4	4	4	4	4	4	4	3	3	3	3	3	2	2	2	2		2	2	2	2
华楼山路	4	4	4	4	4	4	4	4	4	3	3	3	3	3	2	2	2	2		2	2	2
枣山路	4	4	4	4	4	4	4	4	4	4	3	3	3	3	3	2	2	2	2		2	2
李村	4	4	4	4	4	4	4	4	4	4	4	3	3	3	3	3	2	2	2	2		2
李村公园	4	4	4	4	4	4	4	4	4	4	4	4	3	3	3	3	3	2	2	2	2	

图 2-2

由于 25.2 千米在区间 17～27 千米范围内,所以票价为 5 元。列式如下:

17 < 25.2 < 27,票价为 5 元(2021 年 12 月 30 日,台东—李村公园票价由 5 元降至 4 元)。

② 假如你想坐青岛地铁 1 号线(含 7 号线一期),共设车站 41 座,全程 60 千米(图 2-3),乘坐全程需要花多少钱?

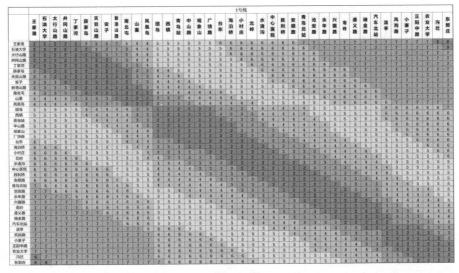

图 2-3

由于 60 千米比 38 千米多出 22 千米,所以我们还需要利用另一条信息:38 千米以上部分,票价每增加 1 元,可多乘坐 20 千米,所以票价为 8 元。列式如下:

60 − 38 = 22(千米)   6 + 1 = 7(元)

22 − 20 = 2(千米)   7 + 1 = 8(元)

2. 计算速度、时间、路程问题

如果你家住在栈桥附近,需要乘坐青岛地铁 3 号线去青岛北站乘坐火车,大约应该提前多久出发呢?

青岛地铁 3 号线全程 24.8 千米,最高时速 80 千米/时,如果照这个速度行驶全程,根据"路程 ÷ 速度 = 时间"我们可以得到 24.8 ÷ 80 = 0.31(小时),所以我们大约提前半小时出发。

3. 方位辨别问题(图 2-4)

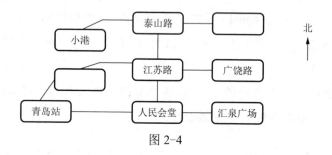

图 2-4

① 江苏路站的西北方向是( )站,广饶路站在泰山路站的( )方向。

将方位应用到生活实际中,在江苏路站找到它的西北方向选出小港站;在泰山路站找到广饶路站,发现广饶路站在泰山路站东南方向。

② 请在图中标注出相应站点。

中山路站在江苏路站的西南方向;利津路站在江苏路站的东北方向。

通过在江苏路站找到西南方向和东北方向,进而发现中山路和利津路的具体位置。

4. 最佳路线选择问题

假如你家住在五四广场附近,全家准备乘坐火车外出旅行,现在要前往青岛北站,选择什么路线最合适? (图 2-5)

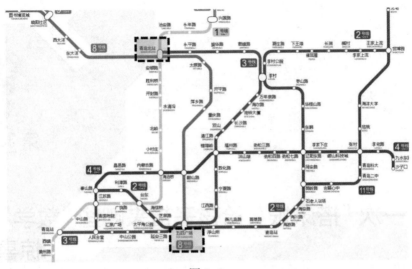

图 2-5

　　可以发现有 3 条路线可以走：2 号线换乘 1 号线；3 号线直达；8 号线直达（暂未开通）。

　　如果考虑时间因素，乘坐"2 号线换乘 1 号线"，需要坐 10 站；乘坐"3 号线直达"，需要坐 15 站，那么"2 号线换乘 1 号线"最合适。

　　如果携带较多行李，"3 号线直达"最为合适。

　　地铁具有快捷、方便、载客量大等优势，可以大大缓解城市交通运输的压力。当你走进地铁站的那一刻，你面临的数学问题还有很多，只要用心发现、细心观察，就能够发现和解决很多生活中的数学问题。

第 **33** 问

一次"搭床帐",给孩子带来哪些"数学"的惊喜?

数学源于生活,用于生活,生活中的数学无处不在。多让孩子动动手,意外收获随处有。如不信,请看看孩子一次"搭床帐"的经历。

孩子打算把自己的小床装饰一下,恳请妈妈买来了床帐。

一天快递员送来大包裹。打开一看,孩子傻眼了,竟然有这么多根长长短短的床杆。大概是厂家为了保证运输的方便,每根杆子都不超过 1 米,得一根根接起来搭成长方体的床架子。(图 2-6)

"不管它,先试试看!"孩子按照学过的"长方体的认识",拿出几根,就开始七手八脚地组合起来!

图 2-6

结果,搭是搭起来了,但歪歪斜斜,不像一个床架,也放不上去。孩子找到教过数学的妈妈请教,妈妈帮他解开了其中的谜底。

从数学的角度分析孩子的行为,既然孩子知道不像,首先说明他对长方体框架的表象认识还是有的;从这个歪斜的床架看,共有 8 个顶点(即组合床架应用的"三通"构件)、12 条棱(杆子),数量上也是对的;杆子的长度的选择似乎也对,相等长度的杆子各选择了 4 根。那么不像的关键点在哪里呢?就在杆子拼插的位置上。你看,长、宽、高各有 4 根,按理都应安装在相对的位置上。而孩子拼插时太随意,并没有关注到杆与杆之间的长短对应的关系,所以就拼成了一个四个侧面是梯形的棱台。

"这也太迷惑人了!"孩子感慨。实际上,杆子之间是可以连接加长的,这也就是厂家配了多根的原因。原来,孩子只是凭直觉组合,没有找到其中的组装规律。

数学给人们的生活中提供了应用的空间,联系生活实际就能发现孩子数学思维的差距。那么,怎样才能完美地进行搭建呢?这就关系到数学的生活化问题了。在理解"床帐"长方体特征的同时,还要注重数学思想方法的应用。一个小小的床帐,涉及的数学知识很多!

1. 分类意识

打开包裹,看到长长短短、各种各样的材料时,你是否想到了先把它们分类整理一下?你可能自己主动地进行分类整理,也可能去找说明书,按照说明书的指引,将搭床架的所有材料按长短、类别进行细致的分类整理。按说明书进行有规划的"装搭"和有意识的分类可是顺利完成组装的重要条件。(图2-7)

图 2-7

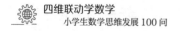

2. 对应关系

材料准备好了,接下来就开始组合这个床架了。怎么装?我们要先进行思考规划,避免无效操作。应按照生活中床架的实际长度,将各类材料进行连接。因为这是一个长方体的床架,就要按照长方体的数学原理,去研究它们之间的杆子与杆子之间、接口与接口之间的对应关系,并且仔细查看每根杆子的螺口对接位置,以免出错。如这是一个单人床,应用 4 根长杆(每根约 2 米)、4 根宽杆(每根约 1.2 米)、4 根高杆(每根约 1.5 米),其他的杆子都要一一把握好对应关系,有规律地摆放,不能乱。

3. 拼插有序

依据数学的原理,在解决数学问题时,还应按顺序有规律地由分步走向整体的架构综合,这也是思维发展的必然要求。在拼插这个"床帐"架子时候,实际上也遵循这个道理。可按先后顺序,先拼插床帐底面的两长两宽,这个是放在床面上的一面,所以选择略细并具有弹性的杆子,"三通"插件也选择小口的;然后拼插床帐的立柱,也就是长方体的四条高;再在四条高上插上"三通"组件,连上顶面的两长两宽;最后将其他小配件(风扇卡口、风扇横杆)拼插好。同时按"分类"要求,一一地对应摆放,从下到上,从主材到配饰有序地拼插,这样操作,我们的安装工作便能有条不紊地完成。

通过这样"搭床帐"的过程,孩子会发现原来数学这么有趣、管用!在实践中,孩子加深了对数学知识的理解,让数学思维在服务实际生活中得到了更细致、更完善、更有成效的提升。

第 34 问

孩子,你知道生活中的分段计费问题吗?

妈妈:这个月我们家用了 315 度电呢!

孩子:那要付很多电费吧! 我来算一算,电费 = 单价 × 315 度。1 度电多少钱呢?

妈妈:可没有那么简单!

孩子:为什么呢? 总价不就是等于单价乘数量吗?

聪明的孩子们,你知道是怎么回事吗?

现在的数学练习题可不是单纯地停留在书本上,数学题目和生活越来越贴合,更多时候就是生活情境的直接呈现,既考察孩子解决生活问题的能力,也让孩子感受到数学学习的直接价值。但根据学习反馈,孩子对于生活问题出错比较多,尤其是像开始情境中的分段计费的问题,出错率尤其高。下面我们就来整理一下生活中哪些地方用到了分段计费。

1. 电费

青岛市电费收取采用的是阶梯电价政策,其中家庭户(小于 5 人)的电价规定,青岛市居民用户每月用电量划分为三档,电价实行分档递增:

第一档——电量每户每月 210 度及以下,电价不变,执行每度 0.5469 元;

第二档——电量每户每月 210～400 度,在第一档电价基础上,每度加价 0.05 元;

第三档——电量每户每月400度以上,在第一档电价基础上,每度加价0.3元。

① 小明家(一家三口）8月份用电共245度,应缴纳电费多少元?

② 调查你们家8月份用电( )度,算一算应缴纳电费多少元?

2. 快递

每瓶复合维生素191.5克,60粒/瓶,每粒含核黄素0.13毫克、烟酸1.06毫克、维生素B6 0.5毫克。

① 每瓶复合维生素含烟酸多少毫克?

② 一箱复合维生素有6瓶,小宁家住青岛,网购了一箱,需要支付多少元的快递费?

快递收费标准		
地区	首重1千克	续重500克
浙江、上海、江苏	12元	1元
黑龙江、宁夏、新疆	24元	10元
其他地区	20元	8元

3. 出租车

3千米以内	超过3千米后每千米
10元	2元

因为与生活联系密切,分段计费的问题成了数学练习中常常会涉及的题型,出现的频率越来越高。解决分段计费问题的关键是找到分界点,正确选择相应的信息,进行合理分段计算。在理解分段计费问题的时候,我们可以画画图,像本文最开始的问题,这样画画图就很清楚了。(图2-8)

除了画图我们也可以这样分析,如出租车问题,3.5千米需要付多少钱呢?

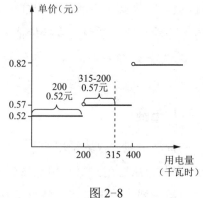

图2-8

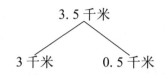

$$10 \, 元 + 2 \, 元 = 12 \, 元$$

需要注意的是,不到 1 千米也按 1 千米计算,这就是分段计费中的"进一"问题。

生活中的分段计费还有很多,如水费的分段计费、上网分段计费、购物中的分段优惠。只要我们做生活的有心人,善于用数学的眼光去观察、思考,生活也就成了数学大课堂,数学知识的学习也会更富有生命力和价值。

第 **35** 问

你知道人民币到国(境)外有多"值钱"吗?

假如,你想出国(境)旅游,手上没有外币怎么办? 就要用人民币去兑换。那么你就要了解人民币的地位、价值和如何去兑换。你知道其中涉及的数学问题吗?

1. 人民币面值的密码

人民币是中华人民共和国唯一的法定货币。发行权属于国家,授权中国人民银行统一发行,可以在国内任何地方使用。以人民币支付中华人民共和国境内的任何一笔公共的或私人的债务,任何单位和个人都不得拒收。所以你可以用人民币兑换出国用的外汇。人民币币值类型包括纸币和硬币,面额包括"1角""5角""1元""5元""10元""20元""50元""100元"八种,硬币面额包括"1分""2分""5分""1角""5角"及"1元"六种。现在1角以下的纸币、硬币已经很少见了。但兑换时一定会精确到分,一分也不能少。兑换时,如果出现比分更小的数字,一般遵循四舍五入原则,保留两位小数,精确到分。

不知你注意过没有,平时使用阿拉伯数字逐位填写人民币金额的表格时,在金额首位之前总是要加一个"￥"的符号。这个符号就是人民币的代表符号,就是在"元"的拼音首字母大写 Y 加上两横,即为"￥",它的读音为 yuán(音:元)。在兑换货币记账时,会记在数字前面加一个"￥",既可防止在金额前添加数字,又可表明是人民币的金额数量。由于"￥"本身表示人民币的单位"元",所以,凡是在金额前加了"￥"符号的,金额后就不需要再加"元"字。

2. 人民币与外币之间的价值比——"汇率"

你要兑换外币,必须知道"汇率"。汇率就是指两个国家(地区)的货币之间的比价、兑换率。人民币汇率即人民币与外币之间的比价、兑换率。你了解了"汇率",才知道100元钱能换回多少"外国(地区)钱",出国(境)你需要准备多少钱。人民币汇率代表人民币的对外价值,由国家外汇管理局本着独立自主的原则,参照国内外物价对比水平和国际金融市场汇率浮动情况统一制订、调整,每日向国内外公布,作为外汇收支交换的比价结算。随着我国经济越来越发达,人民币也越来越值钱。

那么,10年前我们的价值比是多少?

以我国2012年11月20日和2022年11月20日中国银行人民币牌价为例:

中国银行人民币牌价	2012. 11. 20	2022. 11. 20
1 欧元兑换人民币	8.04	7.35
1 日元兑换人民币	0.08	0.05

10年前,每8.04元能兑换1欧元,而现在只需要7.35元就可以兑换1欧元,和10年前相比,我们需要兑换1欧元用的人民币少了,这说明和欧元兑换中,人民币升值。人民币升值就是指人民币的购买力增强了。原来购买每瓶1欧元的矿泉水需要8.04元人民币,人民币升值后只需要更少的钱就可以买到,汇率能直观反映出人民币是升值了还是贬值了。

3. 你会将人民币换算成外币(地区币)吗?

因为你出国(境)的目的国(地区)不同,你手上的人民币换回的外汇也是不一样的,以下面的情况为例。

【例1】小明想和家人暑假去香港,妈妈给他2000元人民币,他大约能兑换多少港元呢?

以我国2022年11月20日中国银行人民币牌价为例:

中国银行人民币牌价	2022. 11. 20
1 美元兑换人民币	7.12
1 港元兑换人民币	0.91
1 欧元兑换人民币	7.35
1 日元兑换人民币	0.05

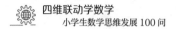

列式解决：2000 ÷ 0.91 ≈ 2197.8（港元）

我们可以利用三年级学习的整理信息和问题的方法，整理如下：

> 1 港元 ——→ 0.91 元人民币
>
> ? 港元 ——→ 2000 元人民币

通过整理我们会发现，因为 1 港元可以兑换 0.91 元人民币，想要知道 2000 元能兑换多少港元，实际上就是看 2000 元里面有多少个 0.91 元，也就是有多少港元了，所以用 2000 ÷ 0.91。

【例 2】李阿姨因工作原因想从美国回国，需要将 50 美元兑换成人民币，她可以兑换多少元人民币呢？

列式解决：50 × 7.12 = 356（元）

我们同样整理如下：

> 1 美元 ——→ 7.12 元人民币
>
> 50 美元 ——→ ? 元人民币

通过整理我们发现，因为 1 美元兑换 7.12 元人民币，想要知道 50 美元能兑换多少元人民币，实际上就是求 50 个 7.12 元是多少，所以用 50 × 7.12。

通过整理信息和问题，我们不难发现，兑换人民币其实就是数学问题，通过观察对比，分析判断数量关系，选择合适的方法，就能找到最终的答案。

第36问

孩子,你知道 29.8%背后的奥秘吗?

　　国家统计局公布 2021 年我国居民恩格尔系数是 29.8%。29.8%是我们已经学过的一个平常的百分数,你知道这个百分数在这里有什么意义吗?

$$恩格尔系数 = \frac{食物支出的金额}{总支出金额} \times 100\%$$

29.8%表示的就是 2021 年我国居民用于购买食物的支出占消费支出总额的比重。

　　下面是 1978—2018 年中国城乡居民家庭恩格尔系数情况统计图。(图 2-9)

图 2-9

　　19 世纪,德国统计学家恩格尔根据统计资料,对消费结构的变化计算得出规律:一个家庭收入越少,家庭收入中(或总支出中)用来购买食物的支出所占的比例就越大。随着家庭收入的增加,家庭收入中(或总支出中)用来购买食物的支出比例则会下降,这样可以衡量一个家庭的贫富程度。

由此推之,对一个国家而言,一个国家越穷,每个国民的平均支出中用来购买食物的费用所占比例就越大。随着国家的富裕,这个比例呈下降趋势,这就是著名的恩格尔系数,世界普遍都以此来衡量一个国家的贫富程度。

如何界定发展目标的实现?什么样的生活是解决了温饱问题?什么样的生活是小康生活?如何界定生活达到了富裕水平呢?

恩格尔系数是由食物支出金额在总支出金额中所占的比重来最终决定:

恩格尔系数	59%以上	50%～59%	40%～50%	30%～40%	低于30%
生活水平状况	贫困	温饱	小康	富裕	最富裕

恩格尔系数就像是衡量生活水平的数学刻度尺。

2021 年,全国居民恩格尔系数为 29.8%,现在你能理解 29.8% 背后的意义了吧?

孩子们,有没有兴趣算算你家的恩格尔系数呀?

第 37 问

孩子，你知道你家里的房子"装"满了数学吗？

数学无处不在。它关联着人们生活的方方面面。比如说，我们每个人都有一个温馨的家，这个温馨的家离不开我们住的房子。而我们的房子从毛坯房到精致的装修，每一步都离不开数学的应用。可以说，"满房子"都装着数学的元素，是数学问题的"集成"。

那么，我们用数学的眼光和数学的思维来看看，装修房子的过程中都必须用到哪些数学？

1. 确定装修方案中的数学元素

(1) 测绘中的数学：面积测量和计量单位问题

为了材料计算和精确设计，装修人员先要画图，各墙体的数据一定要准确，这里就需要测量知识了。你们知道吗？测量的时候，装修人员通常使用的是以毫米为单位的长度计量方式，这与我们平日接触的可不太相同。感兴趣的同学，可以自己了解一下这其中的原因。（图 2-10）

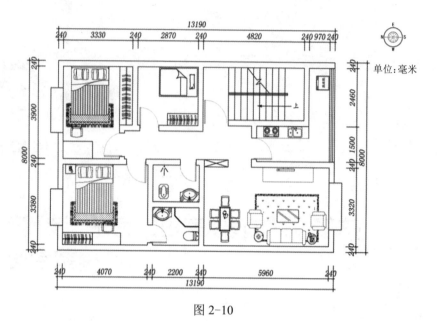

图 2-10

（2）设计成图中的数学：比例尺问题

完成数据测量和手绘记录之后，装修房子的设计人员会根据房子主人的意图去绘制设计装修图。这份设计图非常重要，后续所有的装修过程都依赖于它，因此按照比例还原房屋的真实数据是非常必要的，这里就用到了比例的知识，通过科学的比例，将房屋的重要信息集中在图纸上。（图 2-11）

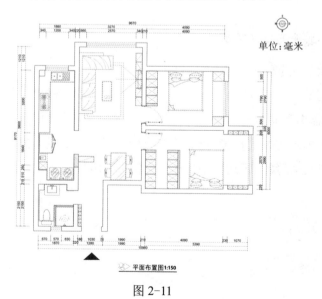

图 2-11

(3) 预算经费中的数学：估算问题

设计图纸出来后，接下来就是估算费用。一般情况下装修会分为五步：房屋拆改、水电改造、墙面和地面装修、木工装修（吊顶、柜子）、买进家具家电。所有的步骤都是有费用的，而且装修的用料、人工费等都要进行计算。因为装修要先交费再装修，装修完多退少补，因此"估算"费用非常重要。同学们，试着估算一下，翻新一下你们自己的房间需要多少费用呢？（图 2-12）

编号	工 程 项 目	单位	数量	单价工料合计（元）			合计
				合计	材料价	人工费	
1	主卧墙面基层处理腻子粉乳胶漆饰面	m²	42.5	45	25	20	1912.5
2	主卧顶面基层处理腻子粉乳胶漆饰面	m²	14	45	25	20	630
3	主卧地面自流平	m²	14	30	15	15	420
4	次卧墙面基层处理腻子粉乳胶漆饰面	m²	38.9	45	25	20	1750.5
5	次卧顶面基层处理腻子粉乳胶漆饰面	m²	11.4	45	25	20	513
6	地面自流平	m²	11.4	30	15	15	342

卧室基础装修预算书

图 2-12

2. 装修施工中的数学元素

(1) 管线布局中的数学：点线问题（图 2-13a）

装修的第一步就是水电改造了，包括开槽、水管铺设、电路铺设等，一定要做好统筹规划，因为水电做完是很难修改的。电路的走线一般要根据两点之间线段最短的原理去布置，但是也要考虑墙体和之后的用电器位置、暖气、天然气等合理安排。

(2) 材料使用中的数学：面积问题（图 2-13b）

做墙面和地面就要用到面积的知识了。要先计算出面积，再合理购买涂料。我们会根据面积计算出的涂料用量，再多买一点，这样可以避免买多浪费、买少不够的问题。在计算时还要注意这一点：刷房子的时候要少算一些面积，比如门窗。墙面装修好后，木工师傅会进场，根据设计施工图，看哪些地方需要做吊顶、衣橱和门窗等。这里的数学问题就更多了，如平面是否平整、夹角是否符合标准。

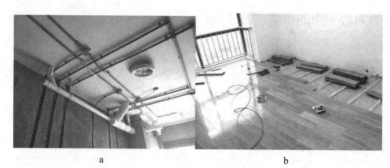

图 2-13

(3) 踢脚线中的数学：周长问题（图 2-14a）

装踢脚线的时候要去掉门的宽度；装石膏线的时候要注意墙体夹角；装门框的时候只有三条边，还要考虑门框的长和宽……，这些都是与周长相关的知识了。

(4) 家具制作摆放中的数学：容积问题（图 2-14b）

装修中的体积、容积问题更多啦。厕所、厨房的橱柜里面其实盛不了很多东西，你们知道是为什么吗？因为为了美观，有很多的管道布置在里面。这些管道会影响使用空间，要想合理利用空间，就要提前做好估计；厨房中上下橱柜的高度影响做饭时的体验，如果空间太小会让人很难受，所以厨房中的吸油烟机距离打火灶的距离至关重要，要精确计算每一件物品的体积、容积。

图 2-14

同学们，你们发现了吗，装修中处处都有数学。你们还有哪些新的发现呢？希望你们在此基础上继续探究发掘更多的数学问题！

第 38 问

如何看待孩子"摩天轮"上的"平移"争论?

其实,每一个教育者都不会不懂得,教学中孩子的"质疑"和老师的解惑,在数学学习中的重要地位。然而,在实际的教学实践中,当我们遇到孩子冷不丁提出的一些看似不着边际的疑问,很容易一时语塞。如果我们能够及时敏锐地给予回答,解开孩子心头的疙瘩,孩子的思维发展定会前进一步。这是对我们教育者最现实、最直接的教学智慧和解惑能力的考验。

在教学实践中,我就曾有过这样一次经历。有一次上三年级的一节"平移与旋转"课。课堂上孩子们都兴趣盎然地参与,在孩子们通过直观演示、模拟运动等方式感受到"平移""旋转"的特点后,我便让孩子找一找、说一说生活中还有哪些平移、旋转现象。

这时,有的孩子说"推拉窗户是平移现象",有的说"拧螺丝是旋转现象",有的说"钟摆是旋转现象""拉链是平移现象"……教室里充满孩子们畅所欲言的热情。可是当有个孩子站起来说"摩天轮是旋转现象"时,突然另一个孩子站起来说:"不对,摩天轮是平移现象!"平静的课堂上一刹那间出现了孩子们哄堂大笑的场面:"旋转的摩天轮怎么变成是'平移'啦?"

此刻,孩子们的目光集中到了我身上。这目光是给我出了一道知识沉淀和课堂驾驭能力的考题。我马上机敏地把话题接了过来,说:"你能告诉大家你是怎么想的吗?"孩子回答说:"你看,摩天轮在转,但坐在车厢里的人,不管转

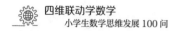

到哪里,他们的头总是朝上的,那些车厢不是在平移吗?"这时又一个孩子站起来反驳道:"老师,可是摩天轮的轮子是围着一个中心在转呀!这怎么是平移呢?"

孩子们都看着我,这时我想了想,说:"同学们,你们刚才争论得很好,都在动脑筋。两位同学都能清楚地、有条理地表达自己的思考过程,很了不起!不过刚才同学们对问题的思考,是对同一个事物,从不同的角度的理解和认识,但都有道理。你们一位想到的是转动的摩天轮的轮子,另一位看到的是摩天轮上的车厢。这个思考很新颖,提出了一个大家没有意识到的现象。今天老师要告诉同学们,看问题的角度不同,得到的结果也就不一样。凡事要从多个方面去思考,才能得到比较准确的结论。"

课堂上这一个小小的摩天轮"平移旋转现象"的争论,在孩子们心中引起很强烈的震撼。大家体验到了一种思维的跳跃与升华的过程,从中得到了深刻的启示。课堂上老师和孩子对待问题的探究,应该是平等、和谐和融洽的,在这个基础上,孩子们才能把不同的感受和疑问表达出来。对孩子们产生的不同质疑,老师要让他们把话说完,再去认真地品味,而不是凭个人的感觉或习惯性想法,去局限孩子的思维,这有利于理解和保护孩子思维的进取和好奇天性的发挥。课堂上孩子的数学灵感稍纵即逝,如果教育者能敏锐地捕捉和抓住,就有可能让这个灵感之光成为孩子数学思维发展的阶梯和老师提升教学水平和质量的最好资源。

第 39 问

你能让算式有"故事"吗?

一提及计算,孩子脑海里往往想到的是一个个枯燥的数字与符号,天真的孩子触及这种"枯燥",很容易失去兴致。他们在计算时,往往机械地套用一些法则或是规律,遇到一些容易混淆的题目时就特别容易出现问题。

像 256 + 98 和 461 − 102 这样的题目,孩子在做的时候出错率往往比较高,即便我们用一些办法或者编制一些顺口溜帮助孩子理解,也很难达到效果。第一题的简算方法,是将其中的 98 看成 100,这样就多加了 2,因此要再减去 2,才能得到正确的结果。第二题就要将其中的 102 看成 100,减去 100 以后,少减了 2,所以要再减去 2,才能得到正确的答案。为此,有的老师就编出了顺口溜"多加要减,少加要补",即多加 2 就要减 2,少加 2 就要再加 2,依此类推。可是孩子依然出错。他们都知道要把 98 和 102 看成 100,但是又是加又是减,又是多又是少,情况多且很相似。办法看似很简洁,但有的孩子脑子就是转不过弯来。因为孩子没有在真正理解的基础上去计算,所以情况越相似就越是容易混。老师很头疼,孩子很苦恼。

假如,我们在算式中赋予灵动的故事,让算式与生活关联起来。不仅可以让这个算式有了生命力,而且也可以帮助孩子真正地理解,不再出错。那么,如何给孩子一个贴近生活的具体情境,让孩子一看到这类题目就能马上想到这个情境呢?

可以创编一个情境：妈妈单位准备给每位员工购置一批口罩，单位原有的口罩库存是 256 包，还需再买回 98 包。单位一共需要分发的口罩就是 256 + 98 包。但市面上口罩 100 包是一箱，不能拆卖。这怎么办呢？就要买一箱口罩，把 98 包变成 100 包。而现在只需要 98 包，那么就要从这新买的一箱 100 包里面拿出 2 包口罩才行，也就是减 2。当计算 461 − 102 的时候，我们就可以设计一个这样情境：我们家原来有 461 个口罩，后来邻居家急需，要向我家借 102 个口罩。但现在每一盒都是 100 个，而邻居要的又是 102 个，少了 2 个怎么办？孩子们会很快想到，再从别的盒子里拿 2 个给邻居就可以了。转换成运算，就是在我们家口罩的库存里减去一盒 100 个的基础上再减去 2 个。用这种贴近孩子生活实际的问题情境模型，能帮助孩子理解知识、深化应用，孩子会马上开窍。

第 **40** 问

蛋糕盒的体积到底有多大?

选择合适的单位填空,是小学数学常见的题型,如小明身高 125( )、一个鸡蛋重 50( )。这个类型的题反复出现,但孩子在面对"蛋糕盒的体积是 35.6( )"时,还是会出现 35.6 立方厘米或 35.6 立方米这样乱猜单位的情况。这种看似极其简单的问题,却一直是老师、孩子们心中的痛,这个"痛"在各个年级都有所体现,如以下几项,孩子总出错。

课桌的宽是 46(分米)

橡皮一个面大约是 0.24(平方米)

数学书的封面面积大约是 480(平方分米)

墨水瓶的体积是 320(立方毫米)

游泳池的容积是 250(立方分米)

孩子也知道在脑海中想象一下大小,判断填的单位合不合适,方法知道,为什么就选不对呢? 究其原因是什么?

主要是没建立好关联表象。课堂上老师重点讲了计量单位,也会在生活中找到与之匹配的物体,如 1 平方厘米大约是大拇指指甲盖的面积,于是,孩子们大脑中会呈现与面积单位相近的简单表象。但大到几百,小到零点几,孩子们就很难想象出来。比如,480 平方分米有多大? 恐怕连一些成年人都很难想象出来到底有多大。

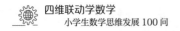
在大多情况下,成年人可以选择出正确的单位,因为一是把它关联转化了,比如480平方分米大约是5平方米;二是靠我们的生活经验,我们脑海中有一个差不多的标准,家里卫生间的面积大约是500平方分米,用这个脑海中的标准想象480平方分米大约有多大。孩子还是缺少关联转化匹配的经验。

而面对"蛋糕盒的体积是35.6(　　　)"时,孩子们恐怕转化关联也做不到了。那么面对这样的题目时该怎样思考?除了教给孩子转化单位,变换角度想象,在脑海中积累一些判断参照的例子外,还可以怎么做?

从长度到面积再到体积是孩子从一维空间到二维空间再到三维空间的逐步建立的认知过程。判断长度单位时,只要知道一个长度单位大约有多长(如1厘米),就能在头脑中建立多个单位长度的表象(如5厘米有多长)。一维空间比较容易想象;到面积单位时,二维空间就有一定的难度了;再到体积,就是难上加难了。那么怎样帮助孩子正确估计蛋糕盒的体积呢?那就是降"维"!

一是联系长方体的体积公式,先用合适的单位,估计蛋糕盒的长、宽、高或圆面半径的长度,然后根据测量公式进行估算,难度就降低了很多。

二是先联想到1立方分米的表象,再想沿着长可以摆几个、沿着宽可以摆几排、沿着高可以摆几层,就能估计出结果。

看!难度是不是降低了很多!面对上面的问题,将二维、三维空间降到一维,孩子思考难度降低,更容易理解,可以更好地在数与量之间建立关联与匹配。试一试这样做,错误会不会少一些呢?

第 41 问

学了方向，你就不会迷路了吗？

方向和位置这个知识点，在各个版本的教材中都分别安排了几次不同的学习内容。通过书面检测发现，不同学段的孩子在这部分的正确率都比较高，他们知道太阳升起的方向是东方，东方正对的方向是西方，知道介于东和南中间的方向是东南，在地图上说路线图也没有任何问题。

可是孩子的方向感建立起来了吗？站在熟悉的街头，孩子能为陌生人指路吗？身处陌生的环境，孩子能利用地图辨认方向，顺利到达目的地吗？估计答案不会太乐观。到底是什么原因呢？

原来，是课堂教学和现实生活在方向感的认知建构上出现了断点。那么要如何连结好这个断点，让孩子从二维的图片（地图）中运用想象、推理，走入现实的三维现实情境？如何让孩子的方向感在现实情境中发展？这应该是我们要努力解决的问题。

1. 真实辨认现实方向

将"方向和位置"的数学课堂搬到孩子熟悉的情境中去，借助他们熟悉的事物、熟悉的空间去了解和理解生活中的方向。例如：中山公园在自己家的什么方向？从家到学校是往哪个方向去？楼下街心公园的四个方向都有什么建筑？在实践中形成关于一个中心点的四面八方的想象。

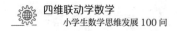
2. 真正认识图上方向

在日常生活中辨认方向和地图上辨认方向有所不同,需要一定的转化,我们要帮助孩子找到有效转化的中介。例如制作方向板,根据确认的一个方向,利用方向板找到其他的方向,继而找到更多方向,又或北偏东、北偏西多少度等更具体的方向,在练习中形成由一方知八方的推理。

3. 建立地图与现实方向的关联

当前移动互联网已经普及,查询网络地图已经成为当前生活的一项基本并且高效的技能。我们就可以借助科技定位的力量,利用电子地图 App,转换观测点,有目的地对周围事物的方位进行确认,提高看地图的能力,在不断使用过程中,促进图上方向和现实方向的相互转化,真正提升自己的方向感,形成能力。这时候,孩子才真正具备识图认路的技能,就会成为方向通、地图通、路路通。

第 42 问

如何跟着新闻学数学？

随着信息技术的进步，获取新闻的渠道日益多样，内容也更加丰富，我们经常会看到通过一些数字、图表对新闻进行诠释，使新闻更具有说服力，因此，新闻也成了数学学习可以利用的"有声有色"的资源。

那么，在听、看新闻的过程中，你注意到其中相关的数据了吗？你能读懂数据背后的信息吗？你能从数学的角度解读新闻，观察现实的世界吗？读读试试，尝试在新闻中"播送"数学知识，说说你对这些数据的理解吧！

6 月以来全省平均降水量 210.8 毫米，较常年偏多 48.8 毫米。"海巡 06"轮总长 128 米，型宽 16 米，型深 7.9 米。（图 2-15）

图 2-15

预测油价下跌 260 元/吨,折算为 0.2 元/升～0.22 元/升,每加满一箱(50 升)油便宜 10 元。40 岁男子与父母接力 40 年献血 588 次,献血总量达264800 毫升,可救 1100 人。(图 2-16)

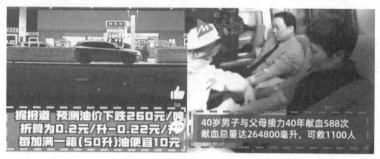

图 2-16

当然,我们也会在新闻报道中看到用各种图表表述信息的增减变化情况。例如,天气预报利用折线统计图表示一周内气温的变化情况。(图 2-17)

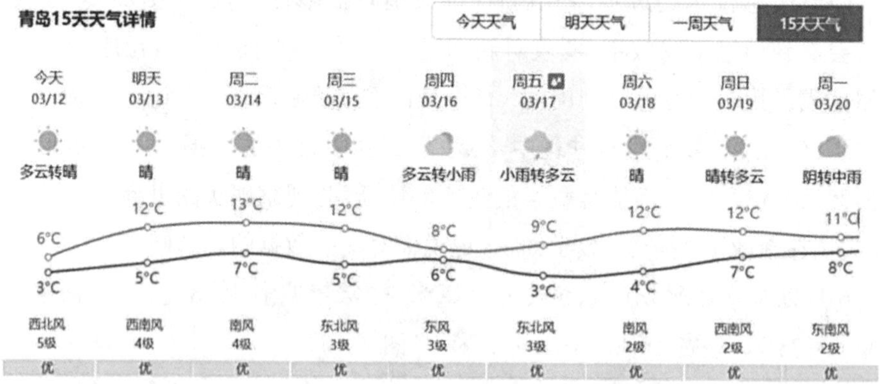

图 2-17

你是不是发现了数学在"新闻播报"中发挥着很重要的作用?不要小瞧了新闻中的这些数学信息,经常关注可以提高数学素养呢!

1. 收集新闻数据,丰富数学感知

我们通过对大量新闻数据的阅读与理解,在大脑中会产生对数学的强烈感知与冲击,无论是数字还是图表,都是培养数感、量感的有利资源。日常生活中,我们可以有意识地收集相关的新闻数据,关注并学习分析数据,帮助我们形成分析数据的能力,提高应用意识,丰富数学感知,培养良好的数学素养。

2. 分析新闻数据，关联数学知识

要在理解数据的基础上分析数据。如：210.8 毫米大约多高？用手比画比画、量一量；264800 毫升是多少？相当于多少瓶矿泉水？想一想、试一试。这些思考与操作会帮助我们建立量感。再如：油价下跌 260 元 / 吨，折算为 0.2～0.22 元 / 升，每加满一箱（50 升）油便宜 10 元。这一系列数据是通过数学计算而得到的。

将新闻中的数据与数学课本知识相关联，领会数学在实际生活中的应用，体验数学的魅力，更好地培养数学学习兴趣，巩固数学知识，提升数学素养。

3. 理解新闻数据，跨学科知识学习

新闻内容丰富而繁杂，对新闻中相关数据的理解可以与其他学科相关联。例如：通过降雨量了解国家水资源的储备情况，与科学知识相关联；通过"海巡 06"轮了解国家航海事业的发展，与海洋学科相关联……除此之外，还可以将数据与医疗、体育、环境、科技等进行融合，了解国家其他领域的发展变化情况。

利用对数据的理解，利用数学独有的思维方式和数学感悟，从不同的角度认识世界，可以为我们理解现实世界提供新的途径。

第**43**问

你知道"配方"中的数学问题吗？

数学是人们生活、劳动和学习必不可少的工具，我们学习数学就是为了能够更好地运用所学知识解决实际问题。可是根据学习反馈，面对现实生活中的问题时，孩子们的应用能力还是稍显薄弱了些，比如生活中的"配方"问题。

其实材料配比问题并不难，就是我们学的数学知识——按比例分配。按比例分配的问题，我们明明练习得很好了，为什么遇到这样的问题，还是出错比较多呢？其原因主要在于：一是我们可能不太熟悉这种生活经验，缺乏体验；二是配方问题和数学的按比例分配问题表面关联不够，这就导致一旦出现这样的问题，我们就不会寻找信息，不知道该怎么做。那我们到底应该如何应对呢？让我们一起看看吧！

1. 制作川贝枇杷炖雪梨

川贝枇杷炖雪梨是一道常见的甜品，具有滋阴润肺、预防感冒的作用。制作一道美味的川贝枇杷炖雪梨需要以川贝、枇杷、雪梨为原料，这三者的数量比是 $2:13:70$。

```
┌─────────────────────────────┐
│          价格表              │
│  川贝:130 元/100 克          │
│  银耳:64 元/1000 克          │
│  枇杷:28 元/1000 克          │
│  雪梨:9 元/1000 克           │
└─────────────────────────────┘
```

问题:想要买 20 克川贝做一道川贝枇杷炖雪梨,在超市购买原材料需要花多少钱呢?

解题思路:

第一步:求一份是多少。

$20 \div 2 = 10$(克)

第二步:求各部分量是多少。

枇杷:$10 \times 13 = 130$(克)

雪梨:$10 \times 70 = 700$(克)

第三步:求各部分需要花的钱数,求总钱数是多少。

川贝:$130 \div 100 \times 20 = 26$(元)

枇杷:$28 \div 1000 \times 130 = 3.64$(元)

雪梨:$9 \div 1000 \times 700 = 6.3$(元)

总钱数:$26 + 3.64 + 6.3 = 35.94$(元)

这个采购情境,实际上就是"已知比和部分量,求其他部分量"的问题,这也是按比例分配问题中的一种。解决这类问题,需要用部分量除以部分量所对应的份数,得出一份量。有了一份量后,乘各自的份数就可以得到部分量和总量。

2. 制作酵素

酵素是指以动物、植物和菌类等为原料,经微生物发酵制得的含有特定生物活性成分的产品。如果要配制如下表配方的酵素 700 克,需要果菜皮多少克?

酵素制作一览表

酵素产量	红糖	果菜皮	水
420 克	30 克	90 克	300 克
840 克	60 克	180 克	600 克

看着这个配方,你能找到合适的比进行计算吗?

生活中的配比大多是这样间接给出的。再比如下面的鱼香肉丝配料表(资料来自网络):

鱼香肉丝配料表:

里脊肉 500 克、青笋 220 克、红椒 10 克、

木耳 20 克、糖 40 克、米醋 60 克、味精 8 克、

胡椒粉半勺,以上配料能做 2 份鱼香肉丝

从上面的信息中,我们可以间接地得到,肉、青笋、红椒、木耳这四种食材的比为 500∶220∶10∶20,也就是 50∶22∶1∶2。

由此看来,生活中的"配方"还有很多很多,尽管这类问题的情况不一样,但"配方"问题有一个共同特点,那就是各部分的"比"是给定的。解决问题的关键就是明确分什么?按照给定的"配方",找准适合的比,确定怎样分,这样就迎刃而解了。

第44问

一亿粒黄豆大约有多重?

你知道1亿粒大豆有多重吗?

1亿粒?能数出来吗?怎么称呀?

想不想自己实践探索一下?

同学们,敢接受挑战吗?我们一起想办法,行动起来吧!

探索要求:1亿粒黄豆大约有多重呢?把你探索实践的过程记录下来吧!

1. 拆数量推算

具体方法:我们可以先测量10粒黄豆或者100粒黄豆有多重,再推算出1亿粒黄豆大约有多重。

探索过程:

第一步:称出100粒黄豆大约重26克。(图2-18)

图2-18

第二步：推算一下1亿粒黄豆里面有多少个100粒。

1亿是10个千万，100个百万，1000个十万，10000个一万，10万个一千，100万个一百。一亿里面有100万个一百，也就是100万个26克，大约就是2600万克。2600万克等于26000千克，也就是26吨。（图2-19）

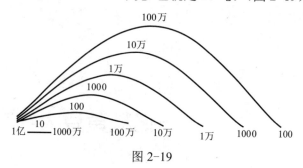

图2-19

结论：1亿粒黄豆的质量大约是26吨。

2. 拆质量推算

具体方法：我们可以先测量出20克或者50克黄豆大约有多少粒，再推算出1亿粒黄豆大约有多重。

同学们，你们找到方法了吗？把你的方法介绍给家长、老师、同学听听吧！

那么，通过这个题目，我们又得到了哪些启发呢？

首先，学会对问题进行拆分。在面对较为复杂的数学问题时，要将多面问题转化为多个单一问题进行解决。例如本题，我们就可以拆分成从数量和质量两方面入手。

其次，面对较大的数量或质量单位时，实际测量不现实，但却可以通过估算的方法知道结果的大致范围，估算不失为一种好方法。

最后，我们要明确估算的方式并不是盲目地猜测，而是可以将大单位拆分成小单位，先估部分，再通过推算得到整体的数量。

在解决实际问题的过程中，一定要善于培养孩子主动思考、大胆探究。面对同一个问题，由于每个孩子的思维方式和思维水平不同，所采取的策略也是不同的。合理地估计和推理对培养孩子的数感、量感都发挥着极其重要的作用。

最后推荐给大家两种"好玩"的方法，同学们可以尝试一下。

　　"天平"称重法:制作简易天平,将已知重量的物品作为砝码,称量一定数量的黄豆,从而推断出 1 亿粒黄豆有多重。

　　"曹冲称象"法:利用水的重量代换同等重量的黄豆,从而确定给定重量的黄豆的个数,进而推断出 1 亿粒黄豆有多重。

第 **45** 问

如何让孩子在动手实践中加深对知识的理解？

经常有家长问我:怎样培养孩子的空间想象能力？一道几何题,讲了好多遍,孩子怎么还是不理解？例如,一个圆锥形木料的高是 3 分米,沿着高截开后,所得的截面为等腰直角三角形,这个圆锥形木料的体积是多少立方分米？

孩子明明把公式背得滚瓜烂熟,可是就是不会解题。那么不会解题的主要原因是什么呢？我们先想一想,要正确解答这道题,孩子们都需要具备哪些知识和能力？

首先,孩子需要能够想象出立体圆锥的截面是什么形状,需要能对应找出这个截面的每条边与原来的圆锥有什么关联、这个截面的等腰直角三角形的直角顶点在哪里、这个顶点对应在圆锥中的什么位置、等腰三角形截面高和圆锥的高有什么关系、三角形的底在哪里。

其次,要正确解决这道题目,孩子还需要具有一定的推理能力。3 分米的高既是圆锥的高,也是等腰直角三角形斜边上的高;等腰三角形的斜边也是圆锥底面的直径。由于截面是一个等腰直角三角形,那三角形的两个锐角都是 45°,所以直角三角形中的两个锐角都是 45°,自然也是等腰直角三角形。所以圆锥 3 分米的高等于圆锥底面的半径。通过推理,借助截面和圆锥的关系,建立起圆锥高和底面半径的关系。

那么孩子不会做的主要问题在哪里？我们可以通过细化知识来分析孩子

的盲点。

第一个层面,孩子能否画出这个等腰直角三角形的截面?

第二个层面,孩子画出截面后能否找到三角形的直角顶点、高和底?

孩子的空间想象能力可以分为这样的几个层次:

"画不出截面"这是几乎没有空间想象的表现;

"画出来了,只能找到圆锥的高和三角形高之间的关系";

"不仅能找到圆锥的高和三角形高之间的关系,还能够找到直角的位置";

能够推理出"等腰三角形的高、底和圆锥半径之间建立关系"。

由此可以看出,"确定截面三角形直角的位置"以及"通过截面是等腰三角形,建立圆锥的高和圆锥底面半径之间的关系"是解决这个问题的关键。

为何建立不起关联呢?实际在学习圆柱圆锥等几何体的过程中,我们误认为精美的课件和动画视频能够让孩子们对截面建立清晰的认知。但其实不然,学生只是看见"圆锥体到截面"的变化过程,很难建立圆锥(三维)和三角形(二维)之间的关联。所谓的想象只是凭空想象而已。

到底该怎么帮助孩子们建立对截面的理解呢?其实,可以让孩子切一切香肠、胡萝卜、橡皮泥、水果、蛋糕等物体,让孩子在动手实践的过程中,观察发现,建立起切出的二维形状和三维立体之间的联系,效果远远大于我们给孩子讲上几遍、十几遍,甚至上百遍。

由此可见,生活中的动手操作体验对解决问题有着至关重要的作用。动手实践对孩子产生极大的视觉冲击,孩子通过手、眼、脑等多维感官来实现对所学的知识点的认知和理解。

孩子们在动手操作、交流讨论中凸显出"感知—理解"知识的思维过程,在对比中真正促进知识的有效关联及建构。这些活动经验的积累,也是学生乐学、善学的动力和源泉。给孩子们多一些动手的机会,就是给他们提供多一些用数学眼光观察、发现和思考现实世界的可能。

第 **46** 问

你知道《三字经》里藏着的数学知识吗?

《三字经》是中华民族珍贵的文化遗产,与《百家姓》《千字文》并称为三大国学启蒙读物。在中国古代经典中,《三字经》是最浅显易懂的读本之一。在格式上,三字一句,短小精悍,朗朗上口,具有通俗、顺口、易记等特点,千百年来,家喻户晓。《三字经》包括中国传统文化的文学、历史、哲学、天文地理、人伦义理、忠孝节义等,核心思想包括仁、义、诚、敬、孝。背诵《三字经》,就了解了常识、传统国学及历史故事,以及故事内涵中的做人做事道理。你知道吗?《三字经》里还藏着数学知识呢。

《三字经》中有这样一段:"一而十,十而百。百而千,千而万。"

它的意思是:"一到十是基本的数字,然后十个一是一十,十个十是一百,十个一百是一千,十个一千是一万。"看似浅显的文字告诉我们,最早认数是从 1 开始的,满十进一。

这就是古代世界中最先进、科学的记数法——"十进制计数法"。"十进制计数法"对世界科学和文化的发展有着不可估量的作用。中国是最早使用"十进制计数法"的国家,至迟在商代时已开始使用。

透过《三字经》,我们看到了数学计数法的发展史。看来阅读国学读物,不应只停留在表面意思,要能主动去思考。当看到"一而十,十而百。百而千,千而万",我们知道了"一、十、百、千、万"这些计数单位,相邻两个计数单位之间的进率是 10。如果再深入思考，从 1 开始认识的数越来越大，位于 1 左边的计数单位越来越大，那比 1 小的怎么计数呢？ 1 右边有更小的计数单位吗？该怎么表示呢？这些问题的提出，会使得孩子们对数学知识的进一步研究产生更大的兴趣，在探究的过程中，再产生新的问题和新的讨论。从某种意义上说，这就是对数学发展的巨大推动。

在中国传统文化中，还有很多蕴含数学知识的成语。如田忌赛马中，田忌用原本上、中、下都劣于齐王的三匹马，通过下对上（输），上对中（赢），中对下（赢）的策略，赢得最终比赛。这就是数学博弈论最早的例子。曹冲称象这个耳熟能详的故事中，曹冲借助水上浮船，根据"相同重量的石块与大象在船上可以得到相同的吃水线"的道理，将整体的大象重量转化为分散的石块重量，从而称量出来。这就是应用了数学中的等量代换的方法。

数学无处不在，古人把生活中的数学记录在文化著作中。孩子们通过阅读和思考，可以了解到前人的研究过程和方法，理解数学原理和发展历程，深入探究数学知识应用和发展的方方面面，做一个站在巨人肩膀上的数学实践者！

第**47**问

如何引导孩子学会构建数系上的重叠递进关联思维方式?

　　所谓重叠、递进关系本是语言逻辑的一个概念。它所指的是在意义上既不脱离上一层意思,又有进一层意思的关系。在递进关系句子中,用前一个分句来肯定一种状况,然后再用另一个分句,来肯定另一种有关的状态。比如"不仅……而且……"。在语文教学上,常常用它来揭示语言逻辑关系。其实,数学思维培养与语文学科教育是相通的,把对叠加递进关系的理解关联,应用到开拓孩子数学思维上也是很有实际意义的。

　　"数的认识"在知识间也是不断重叠递进的,每一个知识点,都在重叠递进的关联中向深处推进。这些叠加递进"点"是帮助孩子建构数系的关键。

　　比如,孩子们所学的一位数,这部分知识的定位应该是老师引导孩子从生活中"实物"的"数"数,进而到"数学"的"数"数的过程。教孩子学习的重点,应该是从"实物"到"学具",再到"数字"的层层抽象概括。在这层层抽象概括中,建立起"一"的概念,让孩子们真正明白1、2、3、4、5这些数字所表示的是什么。孩子脑海中先建立"从1个人、1块糖到5个人,5块糖"等有"形"的感知递进。在此基础上,再借助圆片学具、计数器拨珠,在孩子思维中建立5个"一"的画面,进而再引导孩子进行"序数"和"基数"的比较,这类似于语文学习中常用的"递进关系"。比如,老师让孩子们去打扫教室,王同学先到,一会又来了张同学,接着又来了李同学,三个同学很快把教室打扫干净了。在数学认知上,每一个打扫教室的同学都是一个个体,三个同学就是个体叠加成的一个组。这就是一个数学思维"叠加递进"的发展过程。

当孩子脑海中有了几个"一"的概念以后,我们可再进一步引导孩子继续递进,理解10以上的两位数的数系递进发展。在这里,两位数的关键就是从"9"到"11"之间的"10"的表达形式。数学上的语言叫作"十进制位值制",让孩子弄清了"10进位"的概念,这就可以进一步递进到一十、二十、三十,直至递进联想到"十而百,百而千,千而万"的道理,这样对"数的认识"就初具模型了。

实践中,孩子数学思维发展,从"一"开始发展到对多位数认识,就是一个在一位数和"十进制位值制"递进基础上的复制拓展及抽象概括,包括以后小数的计数规则在孩子们的潜意识中也可逐步形成。其中分数和小数是对整数的递进拓展与迁移。它们一方面填补了整数之间的数,另一方面分数也把数从"量"拓展到了"率"和"比",进而"百分数"的概念也可顺势递进产生。

纵观小学阶段关于数系结构阶段的教学目标及定位,根据孩子的年龄特征与知识积累,施教者在遵循科学性的前提下,必须遵循"知识叠加""逐级递进""螺旋上升"的基本原则,重点关注它们之间存在的重叠递进的关系,明晰阶段性学习要求。在思维发展中,旧知是新知的根基与基础,新知是旧知的繁衍延续。作为施教者,我们应整体把握知识的形成过程,展现"知识背景—知识形成—揭示联系",在这个过程中,抓好知识"叠加""递进"的"关节点",有利于孩子搭建"认知结构",理解知识间的实质联系,运筹帷幄,启迪关联,发展数学思考理解能力。

第 **48** 问

如何培育孩子的数学"量感"？

最近,有家长咨询:"什么是量感？怎样了解自己孩子的量感学习情况？"我反问家长从哪里听到"量感"这个词。他们有的是从老师口中,有的是通过阅读书籍。如今家长也与时俱进,掌握最新的教育动态,越来越重视科学的数学教育,努力使家庭教育与学校教育深度融合,科学做好孩子的数学启蒙。

"量感"是数学核心素养的其中一个表现,我们就以下面这道题为例,先直观了解一下什么是量感、怎样了解孩子的量感情况。

学校印了 1200 张(A4 纸规格)家长信,印好后装入盒子中存放,你觉得下面哪个盒子正好装满？（图 2-20）

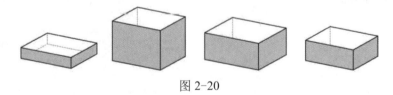

图 2-20

我们来解析一下孩子不同选择背后的"量感含量"情况。

选择 1 号:纸很薄,直接选择矮盒子,没有 1200 张的思考。这是直观感觉,没有量感的累加思考。

选择 2 号:1200 张很多,所以用的盒子也要很大,直接选择最高的盒子。这是基于 1200 的数感,孩子脱离了情境。这也是典型的仅靠数来比较量的大小,没有考虑到长度量的单位。

选择 3 号:有很好的量感,有 10 张纸大约是 1 毫米的量感。通过推理确定 1200 张纸大约是 120 毫米也就是 12 厘米,这就是量感。

选择 4 号:也有一定的量感,只不过在量感精确性上稍微弱一点,没有用定量的方法去推理。没有准确去推断 1200 张纸到底有多厚,只是大约的高度。

以上四种情况,就是孩子不同量感的表现,只有清楚知道了孩子的量感到了什么程度,才能进行有针对性的量感培育。

1. 量感是什么?

首先来了解一下《义务教育数学课程标准(2022 版)》中对量感是如何描述的。量感主要是指对事物的可测量属性及大小关系的直观感知。知道度量的意义,能够理解统一度量单位的必要性;会针对真实情境选择合适的度量单位进行度量,会在同一度量方法下进行不同单位的换算;初步感知度量工具和方法引起的误差,能合理得到或估计度量的结果。建立量感有助于养成用定量的方法认识和解决问题的习惯,是形成抽象能力和应用意识的经验基础。

如学习"厘米和米的认识"后,设计一道情境题(图 2-21),给孩子一个空房子,有设计师出示的图纸,图纸上标有家居的尺寸,孩子通过测量选择符合要求的家具,设计自己的新家,通过这个情境题,可以了解孩子对长度单位"厘米"和"米"的认识,了解孩子能否用刻度尺正确测量物体的长度,能否应用所学知识灵活解决问题。

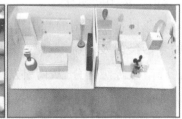

图 2-21

通过观察孩子们的表现,我们发现面对很多家具时,有的孩子比较"板",会非常认真地去测量每一件,没有规划,费很长时间才能找到尺寸合适的家具;有的孩子会先用"身上的小尺子"估一估,进行规划再去测量,缩短了选择时间;有的孩子找不到符合自己房子的尺寸时,会不自觉地考虑"误差",灵活选

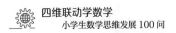

择差不多的。这些不同的情况在课堂练习中是暴露不出来的,课堂练习还是比较局限,答案发散机会少,孩子的差别也就不那么明显。而在这个真实的"测量"情境中,孩子就出现了差异化的表现。这个例子说明,孩子会测量,并不一定有了很好的"量感"。

2. 培养量感的重要性

测量是通过使用直尺,读出准确的测量结果,测量通过学习很容易掌握;而量感则是在不借助工具的前提下,对数量有比较准确的感知,如看到课桌能估一估大约有多高。

再如,生活中,如果我们要买一台冰箱,我们一般不会直接去把冰箱买回来,而是先测量,根据测量结果选购。孩子通过学习学会的是测量,量感就是在测量前的定量分析,就是实际情境中的问题解决。这个能力的培养至关重要,这是用定量的方法认识和解决问题的习惯,是真正的应用。

3. 怎样培养量感?

数学课程以核心素养为导向,就是让孩子真正去观察现实世界,运用数学思维去解决现实世界中的问题。因此,孩子在学习长度单位时,不能仅仅只停留在课本上的长度单位有哪些、长度单位之间的关系是什么,这是没有"生活气息"的数学知识,我们要让解决生活问题走入长度单位学习。下面是我在设计"毫米、分米的认识"时候的一个教学案例。

(1)创设情境提出问题

呈现毫米在日常生活中的应用视频和大量用"mm"记录的数据,调动孩子差异化的生活经验及基础,发现毫米应用普遍,初步感知"mm 就是毫米"。视频定格在降雨量等级划分,从而引发提问"降雨量是什么"。再通过测量降雨量的科学实验漫画,引出测量活动及任务。真实的情境任务可以调动孩子的探究兴趣,动态进行毫米相关知识的学习。(图 2-22)

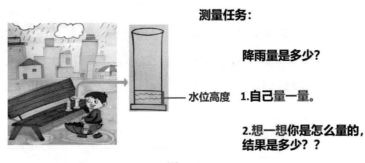

测量任务：

降雨量是多少？

水位高度　1.自己量一量。

2.想一想你是怎么量的，
结果是多少？？

图 2-22

（2）认识毫米建构方法

1）找毫米

孩子自主测量后,先让孩子交流测量结果:1 厘米多、1 厘米 2 小格、1 厘米 2 毫米……（图 2-23）通过两个有层次的问题"这么多结果,都行"和"你更喜欢哪种",利用课堂上结果的冲突,引导孩子交流自己的真实想法。首先,孩子自己对"答案"进行对比辨析,在"辩驳"的过程中,孩子感受到科学实验需要精确测量,为毫米出现提供可能性。其次,结合测量结果的具体描述,找到 1 毫米有多长,毫米的出现便顺理成章,孩子由此也感悟到毫米的重要性。

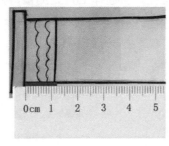

图 2-23

2）用毫米

孩子找到了 1 毫米,借助尺子、比画等方法知道了 1 毫米有多长后,本环节给孩子提供大量用毫米作单位的素材,展现出孩子毫米"量感"的真实情况。教学时,让孩子找到"用毫米作单位的物品"。在这个过程中,孩子通过估一估进行单位选择,通过量一量判断估的误差,在真实的情境和感知中建立毫米"量感"。

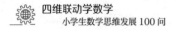

3）建关系

继续合理利用孩子自主学习生成的测量结果"12 毫米怎么读出来的"及"1 厘米 2 毫米和 12 毫米的比较"，让孩子自主发现毫米和厘米的关系，主动建构 1 厘米 = 10 毫米。通过对比课堂生成的学习资源，发展孩子的思维能力。（图 2-24）

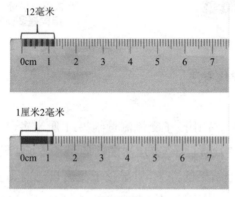

图 2-24

量感的培养就应该给孩子一个真正的测量活动，让孩子经历完整的测量过程，也就是解决问题的全过程。从选择工具到测量，再到数据表达，孩子自主选择单位，只有经历了这个过程，孩子才会学会用定量的方法去解决问题。

第 49 问

你知道 1 千米到底有多长吗?

"千米"是小学阶段系统学习的最后一个长度单位,也是孩子首次学习的较大的计量单位。"千米"表象的形成,使得孩子对长度量的感觉更加丰富、完善了。因此,"千米"的认识,对于孩子量感的培养非常重要。

1千米有多长? 知道了 1 千米有多长,就说明孩子对"千米"有感觉了吗? 怎样培养孩子对长距离的感知? ……这些都值得深思。

1. 你真的认识"千米"吗?

孩子们在学习"千米"之前,对于"千米"的认识并不是完全空白的,高速公路指示牌上、汽车车速表上……生活中,孩子一定见过或听说过"千米""公里""km",有的孩子还知道"1 千米 = 1000 米"。知道了这些,就说明认识"千米"了吗?

经过调研,我们发现,有的孩子知道"1 千米 = 1000 米",却说不出从哪到哪大约是"1 千米",对"从学校到家大约有多远"没有一个感知;学习了 5 个长度单位,在遇到实际问题时却不能准确地选择合适的长度单位……可见,"千米"的认识,难在"千米"表象的形成,难在长距离感的形成,难在长度估测能力的形成。直至到了高年级,学习公顷、平方千米等这些较大的面积单位时,有的孩子就暴露出更多的问题,例如想象不出 1 公顷、1 平方千米有多大,单位之间的进率总是混淆,对于生活中的面积不会选择面积单位……这些问题的出

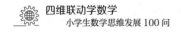
现,追溯起来其实也是学习较大的长度单位"千米"时出现的知识短板。

2. 为什么"千米"如此难学?

相比较其他的长度单位,"千米"属于较大的量,距离孩子的生活比较遥远,无法在课堂上直接体验,也不像其他的长度单位,能找到相对应的身体尺,可以随时随地用身体尺进行估测。"千米"的学习,需要推理和想象,这对低年级的孩子来说比较抽象、难理解。在教学"千米"时,我们往往是带领孩子们由1 米推 10 米,再由 10 米推 100 米,最后由 100 米推 1000 米。事实上,对于 10米,孩子尚可以在教室中直观看到,100 米就需要孩子想象教室外的物体,如操场跑道或某一段路的长度,这就开始变得抽象了。再由 100 米推 1000 米时,孩子就更难想象了,可能 1 个 100 米、2 个 100 米、3 个 100 米,孩子还能勉强想象出其长度,再让他们继续想象 4 个、5 个……8 个、9 个、10 个 100 米时,孩子就很难想象出这个长度到哪里了。由此看来,如何让孩子真正感受到并记住 1 千米到底有多长,需要我们找到相应的策略。

3. 怎样才能形成"千米"的表象?

(1) 真实体验与推理想象相结合,助力量感具象形成

长度单位的认识需要孩子大量操作、体验感知,建立直观的单位量感,再通过量一量、估一估、比一比等活动,进一步丰富量感。

在学习"千米"之前,孩子认识的最大的长度单位就是"米"。此前学习的长度单位还能通过课堂体验来实现,而 1 千米是 1000 个 1 米,要想知道这个长度有多长,在课堂上、教室里难以实现直接体验。因此,"1 千米有多长"就需要推理、想象。但是,对于孩子来说,只靠推理想象显然不可能完全建立"千米"表象,还应借助必要的体验活动来帮助理解,丰富量感的形成。

例如,在课堂上,可以引导孩子通过量一量教室的长,推算多少个教室连起来大约是 1 千米;通过走一走,用步量,推算多少步大约是 1 千米;通过手拉手,推算多少个小朋友连起来大约是 1 千米;还可以课前带领孩子在操场跑道上走一走,课堂上来推算多少个操场跑道的长大约是 1 千米……这些活动,都应让孩子真实体验,而不只是动嘴说说。孩子体验了,多种感官参与了,理解得才更深刻,再遇到其他长距离时,就能想到用类似的方法自主进行推理。

除了课堂上的体验,还应将体验实践延伸到课后。课后通过课上探究的方

法,走走 1 千米、几千米,如沿着操场跑道走几圈、从家到学校数数有几步……将推理想象落地,同时发展孩子估测意识和能力。

(2) 创设生活真情境,沟通生活经验与知识表象的联系

"千米"表象以及远距离量感的形成,都应以真实生活情境为载体,以孩子熟悉的地方为例子,来丰富孩子的感知。例如,推理想象了 1 千米有多长后,还要从生活中、从身边找到这样的一段长度,明确从哪到哪就是 1 千米。如找到生活中熟悉的建筑、标志物等帮助孩子感受 1 千米。例如,两站公交车站间的距离,或者从学校出发到某个地点的一段路,利用这些典型的高度、长度,帮助孩子形成一把"1 千米"的尺子。这样,孩子再感受其他长度时,就可以与这条路进行对比,发展估测能力。

(3) 多形式、多角度、多维度促进"1 千米"量感形成

像"千米"这样比较大的长度,其量感的形成可以从多种形式、多个角度、多层维度进行。

比如,在推理"1 千米有多长"时,不仅可以按 1 米、10 米、100 米、1000 米的方式进行推理,还可以通过 5 个 200 米、2 个 500 米等方式进行推理。而且,对于孩子们来说,标准量越长,需要累积的个数越少,对"1 千米有多长"感知越深。

再如,课堂上推理想象得到"1 千米有多长"之后,可以以学校为出发点,估测一下从学校到哪大约是"1 千米";介绍崂山崂顶海拔,让孩子感受 1 千米有多高……这样,让孩子向远处、向长处、向高处感知"1 千米"。

在选取一段路的长度感知"1 千米"时,一整个的"1 千米"比多个距离和的"1 千米"更易形成表象;直的道路比弯的道路更易形成表象。因此,我们在选取道路帮助孩子感知"1 千米有多长"时,尽量选取大家都比较熟悉的、长的、直的、一整条的"1 千米"路。

还可以多感官参与,多方式感知。例如将 1 千米转化为不同的参照物——400 米的操场走 2 圈半。再如,转化为 2000 步或步行 15 分钟,用这样的身体尺、其他感官等方法去估测其他长距离,能够助力长距离量感形成。

总之,以"千米"为代表的长距离感的形成,是孩子量感进一步完善的重要体现,其表象的形成、量感的培养,也是其他较大量学习的一个缩影和体现。只有孩子充分经历,才能充分感知,直至充分形成量感。

第**50**问

上学前为什么要帮助孩子积累"认识数"的经验？

"5"，你认识它吗？能介绍下吗？

可能你会"懵"一下，看似简单的问题，解释起来还真不容易。有的小朋友脑海里出现的是像"秤钩"一样的数字 5，有的小朋友可以马上联想到 5 个苹果、5 只小鸭、5 棵树这样的具体数量，有的小朋友还会想到我是坐在第 5 排的小朋友。孩子经验不同，理解起来也不尽相同，你理解到了哪种程度？

在小学课堂上，"5"是一个数概念，我们从 5 架飞机中认识了"5"，继而迁移到不同物品中的"5"，再借助数学学具摆出"5"，最后抽象出数字"5"的意义。也就是说，数概念的学习过程要经历一个丰富的感性认识，获得的感性认识越丰富，就越有利于对抽象数的理解；反之，如果不是在理解的基础上建立数概念，会产生哪些问题呢？

1. 数的比较

首当其冲的就是数的比较了。28 与 51 比较谁大呢？你是怎么比较的？仅仅运用老师总结的比较方法吗？其实，形成数概念的孩子，有的会指着数轴说 28 在 51 的前面，所以 28 小于 51；有的会想象小棒说 28 的数量比 51 少，所以 28 小于 51。只有脑海中形成 28 和 51 的数量表象，才能真正理解数概念，形成量的积累。

2. 计算

其次就是计算,也会受到波及。19 + 2 = ? 有丰富表象会联系的孩子,会马上想到数数的方法,快速知道 19 再往后累加(数)2 个,把 2 分成 1 和 1,其中 19 和 1 合成 20。

3. 序数和基数的区分

最后,再说说经常出错的"5 个"和"第 5 个"吧,有的孩子为什么会分不清呢? 如果孩子连 5 个都没有建立起量的概念,又怎么会理解这两个"5"有什么不一样呢? 仅仅是"第 5"前面多了一个字吗?

"认识数"经验的缺失在小学数学学习中还会暴露出很多问题,例如抄错数、看错数。为了在小学阶段更好地理解数概念,建立数感,在上学前帮助孩子积累数的经验是非常有必要的。

第 51 问

怎样帮助孩子积累"认识数"的经验？

怎样帮助孩子积累"认识数"的经验？首先，帮助孩子学会用数学的眼光去观察日常生活，做数学的有心人。

吃饭时，让孩子数数有几个人吃饭，用几个碗。

孩子穿衣服、鞋时，让孩子数一数衣服有多少个扣子、鞋上有多少个小洞洞。

乘坐电梯时，让孩子观察电梯按键。

自己家的门牌号码是多少？自己家住在几楼？好朋友家住几楼？

参加、观看比赛时，各队的比分是多少？

超市购物后核对购物清单。

电影票的价格是多少？坐在第几排、第几个座位？

拼乐高时，用了几块积木？

其次，在"认识数"的过程中帮助孩子找到小方法。

1. 手指数数

当孩子们伸出小手数"1、2、3、4"的时候，他们不仅记住了数字的名称，而且明白了数字的含义和顺序。手指就是小学课堂上的"小棒"，嘴巴边说，手指边配合。（图 2-25）

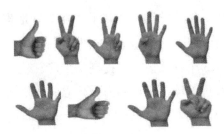

图 2-25

2. 实物数数

会数 1 到 10 后,接下来就可以把数和量建立起联系,产生数量的感悟了。可以拿出 10 个苹果,分别组成 1 个、2 个、3 个、4 个……10 个,指着数数,1 个苹果就是 1,2 个苹果就是 2……

如此反复数数后,再任意摆出 3 个苹果、5 个苹果……让孩子数。最后再任意说一个数,让孩子摆出相应的苹果,边摆边数。

3. 指着数数

孩子有了数量的感悟后,可以利用身边的实例进行指着数数,如 1 把椅子、2 把椅子、3 把椅子……,1 个小朋友、2 个小朋友、3 个小朋友……,进入数数的应用阶段,注意在数数的时候孩子要用手指着数,逐步渗透数数的技巧。(图 2-26)

图 2-26

4. 有序数数

孩子如何能数对杂乱无章的物体?要帮助孩子体验有序数数的优势,可以从左往右数、从上往下数等,按照一定的顺序数。

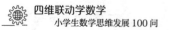
数数的过程中要注意,边指边数,孩子才能更好地理解数,理解数字的多少、大小和顺序。孩子嘴里念着 1、2、3……时,手能按照数数的节拍指着相应的 1 个物体、2 个物体、3 个物体……再提高一步,当孩子口中说出数字时,手能取出相应数量的物体,进而给孩子在脑海中建立起数量感。

数学活动经验一定是孩子在主动参与数学活动的过程中获得的。孩子在平日的生活、学习和交往中积累基本数数活动经验,才能在课堂上将经验"正迁移"到数学学习过程中。

第 52 问

如何发展孩子的迁移思维，提升孩子的应用能力？

数学知识之间、解决问题方法之间、数学思想方法之间具有密切的逻辑关系。后续知识、解决问题方法、数学思想方法往往是前面所学数学知识与思想方法的迁移类推与发展。

所谓学习迁移是指一种学习对另一种学习的影响，或习得的经验对完成其他活动的影响。学习迁移的定义往往有广义和狭义之分。通常的研究认为，广义的学习迁移被认为是建立在已有知识经验之上的某种学习活动，并利用过去的经验不断地获取新的知识和技能，而新的知识和技能又不断地使原有的经验得到扩充和丰富。狭义的学习迁移一般是指前一种学习对后一种学习的影响或者后一种学习对前一种学习的影响。迁移主要包括学习者、任务和情境三个要素。迁移的主体是学习者，迁移的效果要借助一定的任务测量和评估。

四维联动所倡导的迁移类推能力的培养，就是要引导孩子在数学学习中根据知识之间的内在联系，充分利用已学习的数学知识和解决问题的方法，以及学科之间的知识，使先前学习的知识与方法对后续学习产生正迁移，或者依据某些数学知识所具有的特点和规律，能够正确地推理出其他具有相同或相似的特点与规律的知识与方法，从而不断建构自己认知结构。这种迁移类推能力培养应重视以下四个方面。

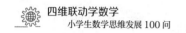

1. 要培养孩子"学科内知识的迁移"能力

孩子在遇到新问题、新任务时,能够主动调动已有的、相关的知识经验,运用所学过的概念或原理,自觉进行相关知识的迁移类推,对新问题、新任务进行分析和探究,触类旁通,举一反三,并能够给出合理说明和解释,沟通知识间的内在联系,或补充,或辨析,从而对新知与旧知的认识更加全面、系统,构建知识体系,实现知识的有效迁移。例如,学生在六年级学完比的意义后,通过比、分数、除法之间的关联,迁移到比的基本性质,最后三者之间从意义和性质的不同角度关联,构建成除法、分数、比三者之间的知识网络。

2. 要培养孩子"解决问题方法的迁移"能力

除了知识内容的迁移,解决问题的研究方法、探究过程等同样也可以进行迁移,从而辅助和促进知识的理解与掌握。孩子们在学习过程中,要通过想象、类比、模仿等方式,借助合理的探究方法,将解决问题与思想方法相关联、数学知识与生活实际相关联,多维度理解新知,找到解决问题的方法,提升解决问题的能力,增强解决问题的灵活性。例如,在探究平行四边形特征时,学生根据已有知识经验迁移到研究长方形和正方形是从边和角两方面研究,会很自然地明确平行四边形特征也是从边和角两方面进行探究。

3. 要培养孩子"数学思想方法的迁移"能力

数学的核心是数学思想方法,它是数学的灵魂,是解决问题的思想和策略,是深度学习的过程,对孩子的认知结构的完善与发展有重要的作用。因而应高度关注孩子数学思想方法的培养,引导孩子主动迁移数学思想方法,学习数学知识,把握学科的本质。

4. 要培养孩子"学科间的迁移"能力

不仅同一学科内的知识可以进行迁移,不同学科间、课本知识与实际生活间同样可以实现迁移。研究学习中将知识通过多方面进行融会贯通、多元联结,可以有效提高综合运用能力,便于孩子在解决新任务、复杂问题过程中合理运用和调整所学的知识,真正地将课本知识迁移到真实环境中。例如,"图形的密铺"一课中,既巩固了数学的图形特征与密铺的方法,又迁移了美术学科中的色彩搭配等实践活动。"溶解现象"一课中,学生会主动将运用比例解决生活中实际问题的数学方法迁移到科学课中学习的溶解现象。

　　迁移类推能力的培育是一个长期的、有目的、有计划的、系统的训练过程。在运用迁移方法引导孩子学数学时，应多角度、全方位地分析、思考问题，既要结合已有的知识经验，又要根据实际情况合理取舍，辩证看待问题，沟通知识的内在联系与区别，从整体上认识并理解问题的本质，避免思维定式"缠身"的负迁移影响，培养孩子正确的迁移类推能力，促进孩子思维的不断完善与发展，提升孩子解决问题的应用能力。

第三章　易错点睛

　　查找错题产生的根源,在"漏洞处"用巧妙的方法点明实质,合理引导点拨,妙补知识漏洞,使数学典型错题变得生动有力,成为批判性思维发展的庞大宝藏。一页页、一行行的错题,需要点睛之笔来条分缕析,归纳总结,激荡出思维的火花,让改正错题的过程成为真正的思维训练的过程。

第 53 问

这道"溢水"的错题,孩子到底应该
如何"纠错"?

在五年级的作业中有这样一道练习。(图 3-1)

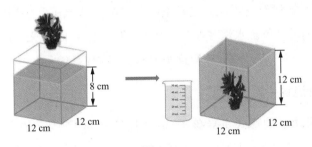

图 3-1

一个棱长 12 厘米的正方体鱼缸,鱼缸水深 8 厘米,将一块假山石放进去后(完全浸没),这时水溢出了 50 毫升,这块假山的体积是(　　)立方厘米。

很多孩子都不假思索地填上(50)立方厘米。

为什么孩子们会出现这样的答案,到底错在哪里呢?

孩子平时的学习中经常会用"溢水法"求不规则物体的体积,通过转化的数学思想,将不规则物体的体积转化为溢出水的体积。假如水深是 12 厘米,放进去假山石后,溢出 50 毫升,那么假山石无疑就是 50 立方厘米。但是这道题给出的已知条件却是"鱼缸水深 8 厘米",因为受到惯性思维影响,孩子会认定成水深为 12 厘米,而对 8 厘米这个已知条件,缺乏认真的思考与再加工。

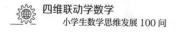
那么,如何帮助孩子就这道错题进行深度的学习和思考,以达到举一反三的效果呢? 以下4点是有效的秘籍。

1. 从"条件"中找"误点"

应引导孩子分析错误答案的原因。认识到之所以得出50立方厘米的错误答案,是因为没有注意8厘米深这个"已知条件",习惯性地将水缸里的水错误地看作12厘米深的满缸水,同时也忽略了"棱长12厘米"的这个条件与"水深8厘米"之间的逻辑关联。通过这样的解剖,可以促使孩子在判断题目时,加强对已知条件的关注,深度理解数量之间的联系,养成全面深刻思考的习惯。

2. 从逆向思辨中明"关键"

在解析题目中,有时常规思维难以解决的问题,孩子通过逆向思维却可能轻松地"开窍",找到最佳解决方案和途径。在这个错题中,我们引导孩子进行反向思考,是纠错的有效办法。例如:提出假设条件"如果答案就是50立方厘米,那么条件要如何改变才能满足答案的要求呢",让孩子联想到以往的问题情境,认识到只有将"鱼缸水深8厘米"改成"鱼缸水深12厘米"时,这个假山石才是50立方厘米。从而辨析理解这类题目的关键信息。

3. 从演绎过程中重"推理"

可以运用动画的形式引导孩子,演绎推理水面"变化"的全过程,促进孩子的思维发展。在这个题目中,水深实际上只是8厘米,那么,假山石放进去会发生什么情况? 你能想象出来吗? 我们通过动画演绎,孩子就可以看到,假山石放进水缸以后,水面会升高,而升高的过程中可能会出现以下几种情况:如果水没有溢出,说明假山石的体积就是上升水的体积;如果水正好到了鱼缸口,说明假山石的体积正好是4厘米高度的水的体积;如果水溢出来了,说明鱼缸的水不仅已经上升满,而且还有多余的水溢出来。而多余溢出来的这部分水也是这块假山石体积的一部分。因此这个时候计算假山石的体积,就应该是上升水的体积和溢出水的体积之和,即 $12 \times 12 \times (12 - 8) + 50 = 626$(立方厘米)。

4. 从不同题例中练"思维"

错题整理与归类是很多优秀孩子的学习秘籍,因此通过这道错题,帮助孩子有效地整理也是必不可少的。对于这道题,可以让孩子根据不同条件的改变,来创编练习,以达到对知识点的掌握,使其知其然更知其所以然。可以设置三种不同类型的练习题目:

① 一个棱长 12 厘米的正方体鱼缸,鱼缸水深 7 厘米,将一块假山石放进去后(完全浸没),水面上升 4 厘米,这块假山的体积是(576)立方厘米。

② 一个棱长 12 厘米的正方体鱼缸,鱼缸水深 12 厘米,将一块假山石放进去后(完全浸没),这时水溢出了 50 毫升,这块假山的体积是(50)立方厘米。

③ 一个棱长 12 厘米的正方体鱼缸,鱼缸水深 8 厘米,将一块假山石放进去后(完全浸没),这时水溢出了 50 毫升,这块假山的体积是(626)立方厘米。

通过以上三道练习的对比分析,可以帮助孩子掌握排水法和溢水法求不规则物体体积的全过程,帮助孩子提高审题的能力,进一步提升孩子思维的严谨性。

第 **54** 问

怎样让一个"魔术帽"成为孩子认识单位 "**1**"的魔法棒?

孩子从五年级就学习了分数的意义,到了六年级毕业时,总有些题目困扰着他们,例如:把 3 米长的绳子平均分成 4 段,每段是全长的( ),每段长( )米。这些问题孩子们总是模糊,分辨不清,主要原因是对单位"1"的理解不透彻。

首先,我们来看看单位"1"在孩子们学习过程中的几次现身,以青岛版教材为例,三年级孩子们初步认识分数时,一个东西不够分,产生学习分数的必要性,所以这里的单位"1"指的是一个蛋糕、一个苹果等物品。所以单位"1"首次现身是具体的"量"。

到了五年级再一次深入地认识分数的意义,此时的单位"1"已经是几个蛋糕、几个苹果等一堆物品构成的一个整体或者是一个计量单位等。这次现身,单位"1"扩大,出现了"量""率"的交叉。随着学习分数与除法的关系,以及相应的实际应用,单位"1"出现了各种不同的变化方式,比如有的总量可以被整分,有的总量不能被整分,有的时候要将同一个整体根据需要从不同的角度去分。在孩子还没有理解透的情况下,单位"1"的变化已经非常复杂,令孩子不能很好地认识与理解。(图 3-2)

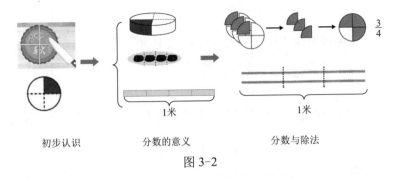

初步认识　　　　分数的意义　　　　分数与除法

图 3-2

如何让孩子们在不同的具体情境下,分清什么是单位"1"呢? 我们借用一个"魔术帽"(图 3-3)来施展魔法吧!

图 3-3

魔法一:单位"1"有实有虚,具有两面性。

魔术师叔叔带来 1 块橡皮,把 1 块橡皮进行平均分,平均给 3 个小朋友,每人分得这块橡皮的 $\frac{1}{3}$,也是 $\frac{1}{3}$ 块橡皮。这里的单位"1"就是这 1 块橡皮。

继续平均分。这时,神奇的魔术帽出现了。

"我们把魔术帽中的物品平均给 3 个小朋友,猜一猜每人分到多少呢?"在游戏活动中,展开对单位"1"的认识。

原来魔术帽中藏着的是"3 块橡皮"。有的孩子认为每人分得 $\frac{1}{3}$,也有孩子认为每人分 1 块。产生的认知冲突,是揭示分数意义的导火索:分数既可以表示一种实量,也可以表示一种关系。在争论辨析中明确:每人分得几分之几,表示的关系是每人分到的橡皮泥占整体的 $\frac{1}{3}$。每份是 1 块,表示的是具体数量。这里的单位"1"就是这 3 块橡皮,是具象的;而"1"是我们对整体的认知,是映于我们头脑中的,是虚拟的。

魔法二:单位"1"的虚实对比,突出关系性。

了解了单位"1"的虚实两面性,神奇的魔术帽下还可以平均分什么物品

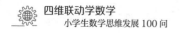

呢？

好奇心和神秘感吸引孩子们继续在游戏中探寻。"我们把魔术帽中的 6 支笔继续平均分给 3 个小朋友,猜一猜每人分到多少呢？单位'1'还可以是什么？"

有了分"3 块橡皮"的活动经验,孩子们会说:"每人分 2 支笔,每人分这些笔的 $\frac{1}{3}$。"这里的单位"1"就是这 6 支笔,孩子们对"每份与整体的关系"和"每份表示的具体量"有了更清晰的认识,虽然具体的量在变化,但部分与整体的关系未变。

魔法三:不知单位"1"的具体量,亦可知关系。

对于让孩子真正理解分数,这些就够了吗？不！魔术帽继续发挥它的不可替代的价值。

"魔术帽里还有什么东西将继续分呢？猜一猜每人分到多少呢？"

孩子们在魔术帽没有揭开时已经能够猜出每人分得 $\frac{1}{3}$,无论里面是什么物品、有多少物品,魔术帽中的物品都会被看成一个整体,也就是单位"1",所以只要将这个单位"1"平均分成 3 份,每份都是 $\frac{1}{3}$。

谜底揭晓,原来是一堆豆子,这里的单位"1"就是这一堆不知道具体数量的豆子。

"那我们能够知道每人具体分得豆子的数量吗？"孩子们纷纷表示不行,因为豆子的总数不知道,所以无法得知每人分几粒豆子。通过魔术帽中"未知总数的豆子",孩子们更清楚地感受到每份的具体量是由总数决定的。虽然不确定总数的具体数量,但我们依然可以用来表示每份与整体的关系。

魔法四:单位"1"的量可以不同,但不影响关系。

"如果魔术帽中分的是'一筐苹果'呢？"

当然分一筐苹果和分一堆豆子的道理相同,都可以在"不确定总量"的情况下,用分数表示每份与总量的关系。如果要确定每份表示的具体量是多少,那可以通过称一称共有多少千克和数一数共有几个两种不同的方式,将单位"1"确定为这筐苹果的重量或者是个数,根据实际需求最终选择确定。

魔法五:单位"1"还可纵深分,更好理解非整数的每份量。

让我们再继续,"魔术帽里还有什么东西将继续分呢?猜一猜每人分到多少呢?"

原来魔术帽中藏着的是"4个烧饼",孩子们对于每人分这些烧饼的几分之几已经可以脱口而出,但是每人分得多少个烧饼呢?孩子们可能一头雾水,因为烧饼的数量不能完全整份平均分给小朋友了。此时就需要将这"4个烧饼"摆起来看成一个整体,再平均分成3份,分完得出有 4 个 $\frac{1}{3}$ 个烧饼,合起来就是 $\frac{4}{3}$ 个烧饼。这里的单位"1"不再是将4个烧饼平铺摆放后再平均分,而是摆在一起看成一个整体进行平均分。

魔法六:调整单位"1"被分时的样态,每份数量更直观。

如果藏在魔术帽中的是一根2米长的绳子呢?虽然可以平均分,但看不出每份的结果。我们就可以将其对折,变成2根1米长的绳子。这两根1米长的绳子就是单位"1",每份占总长的 $\frac{1}{3}$,合在一起平均分成3份,将得到2个 $\frac{1}{3}$ 米,也就是 $\frac{2}{3}$ 米的绳子长度。

孩子们通过神奇的"魔术帽",把单位"1"和"1块橡皮""3块橡皮""6支笔""1堆豆子""一筐苹果""4个烧饼""2根1米绳子"建立关联,无论分的是什么,"魔术帽"下的物品都可以看作是单位"1"。"魔术帽"把单位"1"这个抽象的概念具象化了,帮孩子们在头脑中建立了更加立体的单位"1"的模型。

有了魔术帽,是不是对单位"1"就理解得更清楚了呢?都是"求每份",先分析这个"每份"指的是关系还是具体量。想求"部分与整体的关系",就盖上魔术帽,把魔术帽看作一个整体;如果想求"每份到底有几个、有几米、有几盒",那就要打开魔术帽,看看魔术帽里的具体数量。分析对了"每份"的属性,选对了单位"1",找准了平均分的份数,自然"求每份"这类问题就迎刃而解了。

第 55 问

孩子"晕题"的植树问题,到底难在哪?

"植树问题"是小学学习中非常经典的数学问题,孩子们并不陌生,大部分同学也能清楚地说出植树问题的原型及植树问题的多种情况。但就是一个这么常见又熟悉的问题,孩子们在解题过程中也很容易出错。究其原因,一是孩子对"植树问题"中的基本要素"点"和"段"的概念不清,没有把握好"树"与"间隔"之间的对应关系;二是"植树"问题在生活中"千变万化",它会变脸成"锯木头"问题,也会变脸成"纽扣"问题等,如果孩子没有真正"看透"植树问题,他们就无法将生活中的这些问题与"植树问题"关联。所以,孩子会常常对各种"植树问题"难以决断。

今天这一问,我们就从植树问题的基本模型出发,层层深入,看看"植树问题"最后能演变成什么?

以下题为例,开始我们对"植树问题"的剖析:

学校门前有一条长 50 米的小路,计划在小路一旁植树,每 5 米栽一棵。如果两端都栽,需要多少棵树苗?一端不栽呢?两端都不栽呢?

绝大多数孩子在遇到这个"植树问题"时,首先想到的是用除法:路的总长 ÷ 间距 = 棵数;接着再看题中是否有"两端栽与不栽"的明确提示语,以此决定是否加 1 或减 1。然而,多数的"植树问题"是出题者故意把问题"隐藏"在提示语中的,用以考察孩子的判断能力。如果孩子仅凭自我感觉来决定是否加 1 或减 1,就会造成计算方法的机械应用,在解题中错误百出。

那么,如何通过"植树问题"来发展孩子的思维呢?

1. 把握一个切入"点"

"植树问题"实际上研究的是"树的棵数"与"两树之间的间隔数"之间的数量关系,其实质就是研究"点"和"段"的问题。因此,我们要引导孩子一步一步探究"点"与"段"之间的关系,去寻找解决"植树问题"的有效方法。即先根据关系式(路的长度 ÷ 间隔的米数＝间隔数)求出有多少"段",这是解决问题的前提。

2. 掌握三个"公式"

解决植树问题,光知道"切入点"远远不够,还必须区别不同的情况,用不同的公式计算。两头都栽:间隔数 + 1 = 棵数;只栽一头:间隔数 = 棵数;两头不栽:间隔数 - 1 = 棵数,这样就可以求出棵数。

3. 把准"对应"关系

在掌握上述两步的过程中,孩子们平常最难理解的问题就是上述这个公式里的 + 1 是加的什么。为了解惑,老师可以借助学具摆一摆,使孩子明白这个"1"是指"没有间隔与之对应的一棵树",从而体会到"树"与"间隔"之间的一一对应关系。

4. 抽象出"本质"模型

经过前面三步,孩子们对"植树问题"有了比较深入的理解后,我们要抽象出"植树问题"的本质模型了。把"树"变成点,"间隔"就是点与点之间的线段,"植树问题"就变成了下面的模型。(图 3-4)

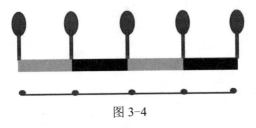

图 3-4

抽象出"本质"模型后,"植树问题"就可以跳出"植树"应用到生活中很

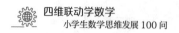
多类似的间隔问题中。

5. 关联应用，举一反三

生活中其实有各式各样的"植树问题"。比如孩子们比较熟悉的"锯木头"问题（图3-5a）："锯开"的"断层处"，也就是"锯的次数"，就是我们抽象出的"本质"模型的点，"锯开"的"每一段"就是"本质"模型的间隔，"锯木头"问题不就是两端不植树的情况吗？"间隔数 -1 ＝棵数"也就是"间隔数 -1= 点数"，具体到"锯木头"问题，就是"锯的段数 -1= 锯的次数"，这样就把不同问题关联起来了。

再如下图（图3-5b、图3-5c）中右边两个情境是不是也都是"植树问题"？如果这样关联学习，孩子能"看透"问题的本质，那么孩子就能自发迁移"植树问题"的方法解决问题，一系列间隔问题就迎刃而解了。

a 两端都不栽   b 只栽一端   c 两端都栽

图 3-5

最后回顾，"植树问题"来自哪里？它实际上就是"平均分配"中增加了一个特殊的要素——"树"与"间隔"之间的一一对应关系。在这个特殊要素的理解和把握中，又增加了多个知识点。因此，解决植树问题就是"知识点"的积累和生长。

第 56 问

你是否也被"距离和路程"的行程问题迷惑过？

行程问题是小学数学中常见的题型，其中被"距离与路程"问题所迷惑的情况较为典型。答题的方法、公式，孩子们都能熟记，可是在面对实际情况的时候，就经常变得模糊，其中很重要的一个原因是把相距多少和路程混为一谈了。（图 3-6）

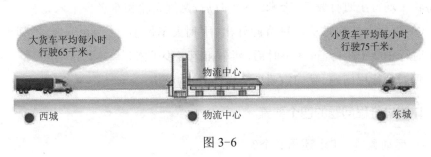

大货车平均每小时行驶65千米。

小货车平均每小时行驶75千米。

物流中心

● 西城 ● 物流中心 ● 东城

图 3-6

大货车平均每小时行驶 65 千米，小货车平均每小时行驶 75 千米，两辆货车分别从东、西两城同时出发，相向而行，经过 4 小时在物流中心相遇，东西两城相距多少千米？

由于题目中东、西两城相距多少千米正好是两辆车一共行驶的路程，导致孩子在理解时，错误地将相距多少千米和路程画上了等号，误认为所有行程问题中求相距多少就是求路程。

其实不然，例如下面的题目：

① 大货车平均每小时行驶 65 千米,小货车平均每小时行驶 75 千米,两辆货车分别从东、西两城同时出发,相向而行,经过 4 小时在物流中心相遇后继续行驶 1 小时,这时大货车与小货车相距多少千米?

② 东、西两城相距 560 千米,大货车平均每小时行驶 65 千米,小货车平均每小时行驶 75 千米,两辆货车分别从东、西两城同时出发,相向而行,经过 2 小时后大货车与小货车相距多少千米?

认真思考,这里的相距多少千米指的都是路程吗?

答案是否定的。

第 1 题中大货车与小货车相距多少千米是大货车与小货车相遇后又行驶的路程,它远少于总路程。

第 2 题目中大货车与小货车相距多少千米是东、西两城的距离减去大货车与小货车行驶的路程。

这样的问题还有很多:

① 甲、乙两艘舰同时从一港口开出,到达 288 千米的另一港口,甲舰每小时行 36 千米,乙舰每小时行 24 千米,乙舰比甲舰晚到多久?

② 甲、乙两艘游轮同时从宜昌驶向重庆。甲游轮平均每小时行驶 48 千米,乙游轮平均每小时行驶 52 千米。5 小时后,两艘游轮相距多少千米?

③ 两列火车同时从北京背向开出,甲列火车每小时行 86 千米,乙列火车每小时行 102 千米,经过 3 小时后,两车相距多少千米?

那遇到行程问题,我们需要怎么做呢?

1. 明确行程问题的四个要素

① 运动数量。1 个还是 2 个?

② 出发地点。1 个还是 2 个?

③ 运动方向。是相向而行、同向而行,还是背向而行?

④ 运动结果。是否相遇?是否到达终点?是相遇问题还是路程问题?

2. 理清两者之间的概念区别

明白"相距多少千米"与"路程"是两个不同的概念。相距多少千米指的是两个物体之间距离的长度,而路程是物体运动路线的长短。有时相距多少千米正好是将路线全部走完,等于路程,尽管数值一样,却是两个不同的概念。

尽管两者是不同的概念,但又相互联系。相距多少千米是相对静止的物体而言的,而路程是对运动的物体而言的。相距多少千米和路程都需要与物体的实际运动情况相联系。

3. 学会解决问题的迁移应用

当孩子理清了"相距多少千米"和"路程"之间的关系后,后面无论是遇到两地相距、两车相距、还没有相遇的相距,还是相遇后继续前行的相距,孩子都会抓住问题关键,解决起来会更加得心应手。

数学就是这样,只有弄清概念与概念之间的区别与联系,抓住问题的本质,才能深入地学习与思考,更好地解决问题。

第 **57** 问

这类题为什么听起来明白，一做就"懵"？

孩子们经常遇到这一情况：作业中有一道题，上课我明明听明白了，但写作业的时候我就不会"求"了，我不知道到底是求最大公因数还是最小公倍数，列出短除式后不知道该用哪个数据。

让我们看看这是一道什么样的题目以及孩子在课堂上的作业情况。（图 3-7）

题目   解答

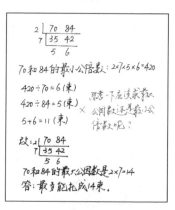

图 3-7

其实，类似的题目还有不少，看下面的几道题目。（图 3-8）

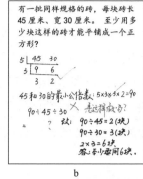

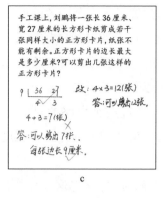

图 3-8

这类问题,孩子们听的时候都觉得自己懂了,不就是用短除法来算嘛。可是在做题时却"懵"了?为什么会"懵"呢?是因为看着短除式不知道答案是什么。是除数(最大公因数)?是除数和商的乘积(最小公倍数)?是商?是商的和?还是商的积?

到底是什么原因呢?

先让我们来看看图 3-8c 的两种不同的学习过程的导图吧!（图 3-9）

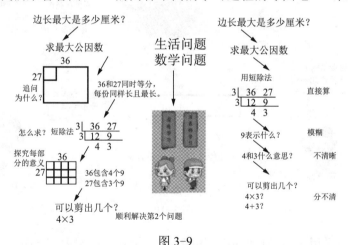

图 3-9

在右边的学习过程中,孩子认识到,第一个问题问边长最大是多少厘米,求的是最大公因数,没有深究就直接计算。在这里有的孩子对 9 的意义的理解是模糊的。因为对除数 9 的意义模糊了,所以 4 和 3 表示的意义就更不清楚了。那么第二个问题"可以剪出几张这样的正方形卡片",孩子自然就糊涂了。

在左边的学习过程中,孩子将生活问题转化为数学问题后,通过追问为什

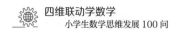

么，深究求最大公因数的道理。边长最大是多少呢？就是把 36 和 27 同时平均分后，每份数要相同且最长。用短除法计算后，再次深究 9、3 和 4，36 和 27 之间的关系，深度理解短除法每一步的算理，有了这个认知基础，再到第二个问题"可以剪出多少张"，孩子自然而然明白应该是"4 × 3"张。

通过两种思路的对比，将生活问题与数学问题不断地进行本质关联，同时，在解决问题的过程中深度理解算理，这样就能准确地找到解决此类问题的路径。

同时，在学习这部分知识的时候，要不断丰富生活情境，帮助孩子们从不同角度对其本质进行体验，有意识地利用数学的知识和方法解释现实生活中的现象，解决现实世界中的问题。

比如图 3-9 中的题目，日常生活中的扎花束问题也可以构建最大公因数模型，用 70 朵百合和 84 朵玫瑰扎新的花束，是从这两种花中分别选取几朵拼成新的花束，因此就是求 70 和 84 的最大公因数。（图 3-10）

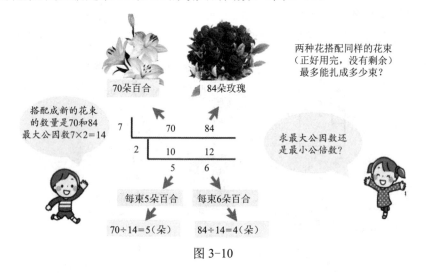

图 3-10

我们要采用丰富、有趣的不同情境进行多元表征，让孩子经历"从无到有，从有到细"的变化过程，引导孩子发现区别，建立数学模型；把知识结构内化为孩子的认知结构，真正建立知识与认知结构的关联并深化认知。

第 58 问

你知道这些"变化"的数学题的"根"吗?

数学题的类型可真多啊,我怎么能练全所有的题呢?

让我看看都是什么样的问题。

【例1】物流中心位于东城和西城之间。大货车从西城出发,平均每小时行驶65千米;小货车从东城出发,平均每小时行驶75千米;摩托车从车站出发,平均每分钟行驶900米。摩托车从车站出发经过8分钟到达物流中心;两辆货车分别从东、西两城同时出发,相向而行,经过4小时在物流中心相遇。(图3-11)

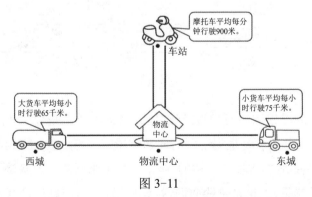

摩托车平均每分钟行驶900米。

车站

大货车平均每小时行驶65千米。

小货车平均每小时行驶75千米。

物流中心

西城   物流中心   东城

图 3-11

① 车站与物流中心相距多少米?

② 东西两城相距多少千米?

【例2】我们要买10个文具盒,40本笔记本和30支钢笔送给福利院的小朋友,其中文具盒29元/个,笔记本5元/本,钢笔8元/支。

① 买10个文具盒要花多少钱?

② 买笔记本和钢笔一共要花多少钱?

【例3】工艺美术车间10天生产了300件挂毯。

① 平均每天生产多少件?

② 照这样的生产速度,把下表填写完整

生产的件数	240	270	360	480	960
需要的天数					

③ 现在平均每天比原来多生产20件,要生产450件挂毯,几天能完成?

【例4】表演艺术体操的排5行,每行19人。表演扇子舞的有2组,每组29人。表演艺术体操和扇子舞的各有多少人?

上面各种情境的各种问题,其实统统可以用一个二年级的知识就能解决了,那就是乘法、除法的意义! (图3-12)

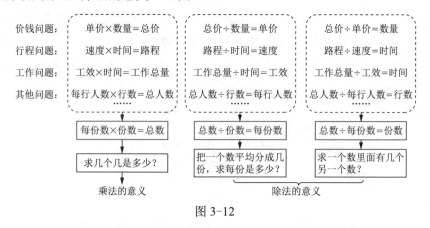

图3-12

通过问题的寻根溯源,我们发现这些题目的本质就是乘法和除法的意义。千变万化的题目其实就是根据不同的问题情境赋予每份数、份数和总数实际意义,它们数量关系式的本质是一样的,是最简单的乘法算式及除法算式。

具体来说就是,无论是价钱问题、行程问题、工作问题还是其他问题,我们都能有效迁移乘除法的意义,寻找所求的是每份数、总数还是份数。这些模型在各自的链条中,可以有效地进行原样复制。

　　当我们有了这种寻"根"意识后，小学阶段的很多知识块之间也就建立起关联了。如果我们把数量关系以小学阶段四种基本的数量关系为基础、为模型本质，就会发现很多知识都是相通的，也就摆脱了知识间的外在表现，以整体结构的视角和视野来建构知识，更加容易解决许许多多生疏但与实际有着密切关联的问题。如果做题时我们善于对比总结，把具有同类特征的内容整合在一起，凸显知识背后共同的思维方式，就能理解本质，灵活迁移，举一反三，达到做一题而知百题的效果。

第 **59** 问

如何引导孩子在数学的联想思维中形成良好的认知结构？

　　数学的学科特点决定了孩子学数学一定要在"关联"中学习。要以合适的方式，在数学学习过程的各要素之间创建"联想链"，促使孩子对数学知识、数学本质准确建构心理意义，形成良好认知结构，实现对知识的深度理解。

　　数学联想实质上是一种数学想象。以掌握的各种信息为基础，结合数学形象和数学直观的特点，对数学形象的性质、规律、特征进行推理及探索。数学联想思维就是根据孩子们已掌握的数学原理、思想、方法、途径去探索问题解决方法的活动过程。所以引导孩子们形成良好的数学认知结构特别要注重以下几个方面。

1. 要引导孩子注重架构联想思维的连续性

　　主要特征是要让孩子自主地由此及彼、由表及里地进行，可以是直接地，也可以是迂回曲折地形成"联想链"，让孩子的学习就像一个螺旋体，逐步上升。数学的各部分、各年段的知识实质上是紧密联系的，构成了一个有机整体。所以要让孩子在学习数学的过程中，基于现有的数学认知结构，通过顺应或者同化，找准某一知识板块，把新的知识和经验叠加到自己原有的数学认知结构中。如数的认识主要经历整数、分数、小数、百分数的学习，其中整数的学习是从一位数到多位数的认识。一位数是从"物"到"数"的抽象，两位数承载着"十进制位值制"的学习，多位数则是迁移、类推及位值制的延伸，分数与小数是对整数的添补,分数又承载着由"量"到"率"的拓展,又在此基础上产生"百分数"。每一种数的认识都承载着不同的目标,他们之间又有关联重叠。

2. 要引导孩子注重架构联想思维的形象性

小孩子的思维正处于由具体形象思维为主向逻辑思维为主的过渡阶段。在数学解决问题的过程中,孩子们往往是根据问题条件或结论的直观特征产生联想。所以,在孩子联想思维的知识架构培养和发展过程中,要借助其鲜明的形象特征,在思维形象性到知识抽象性之间架起桥梁。如数与运算中对计算算理的理解,尤其是笔算竖式的理解,要借助数的认识中的小棒、计数器等抽象的学具,帮助孩子理解竖式算法的抽象,尤其是对进位及退位的理解。

3. 要引导孩子注重架构联想思维的概括性

数学学习的实质是数学认知结构的形成、完善和不断发展的过程,它是将新的数学知识与已有的数学认知结构相互整合而实现的。联想思维可以很快把联想到的思维结果呈现在联想者的眼前,而不顾及其细节如何。这是一种整体把握的思维操作活动,有很强的概括性。因而,在联想思维的知识架构中,要培养孩子善于全面、深入地思考问题,善于抓住数学知识的本质、规律和内在联系,系统地理解和掌握数学知识,借助联想思维,广泛联系知识点,以点串线,触类旁通,起到深化知识的效果。如长方体、正方体、圆柱及圆锥,通过体积等于底面积乘高,建立起它们的关联,在遇到求不规则物体的体积时,孩子就可以触类旁通,自主解决。

第 **60** 问

你知道避免单位换算总出错的"四字秘诀"吗?

孩子,你曾经单位换算出过错吗? 也许你也疑惑,不难呀,课堂上听得挺明白的,自己讲起来也头头是道,为什么遇到单位换算的题目时,还是很容易出错呢?

单位换算的题目很常见,经常出现在各年级的练习中。从一年级的长度单位到六年级的体积单位,从元角分、时分秒的认识到质量、容积的转化,其实不管什么单位,换算的方法基本一致。看似不难,无非就是乘除进率,但是即便是上了六年学,从小做到大,也仍然有孩子频频出错,原因主要有以下几个方面。

1. 相邻单位的进率混淆

错误答案:

1.2 小时 =(1)小时(20)分

30 毫升 =(0.3)升

时分秒相邻两个单位的进率是 60,容积单位升和毫升的单位进率是 1000,正确答案应该是:

1.2 小时 =(1)小时(12)分

30 毫升 =(0.03)升

但这道题目里,孩子都当作 100 来做了,对单位间的进率,尤其是容易混淆的单位进率没有明确清晰的认知。

2. 单位转化的方向错乱

错误答案：

0.5 千克 =（ 500 ）吨

10 平方千米 =（ 0.1 ）公顷

这个题目的正确答案应该是：

0.5 千克 =（ 0.0005 ）吨

10 平方千米 =（ 1000 ）公顷

孩子之所以做错，就错在对单位之间的小到大、高到低的关系没有很好地理顺，导致在单位换算时方向错乱，乘、除法颠倒。

3. 没有理解题目要求

错误答案：

35 分米 =（ 3 ）米 =（ 50 ）厘米

6/5 立方米 =（ 1.2 ）立方米（ 1200 ）立方分米

正确答案应该是：

35 分米 =（ 3.5 ）米 =（ 350 ）厘米

6/5 立方米 =（ 1 ）立方米（ 200 ）立方分米

这里的复式单位的转化，通常有上面的两种变化形式，一种是"="连接的，一种是直接连接的（可以想成"＋"连接），孩子没有看清楚、读明白，就会出现错误。

我们分析清楚了孩子经常出问题的地方，就可以针对薄弱环节进行加强提升了。孩子需记住避免单位换算老出错的"四字秘诀"。

1. "慧"用身体"小尺子"，建立个性化"单位"体念

虽然单位换算有方法，孩子为什么还会出现单位转化方向错乱的问题呢？这说明孩子对单位的大小还没有一个非常清晰的理解，单位转化仅仅是题目，对转化的对象没有一个"量"的感觉。所以，要想解决单位换算的问题，就要让孩子有"量"的感觉。建立"量感"最好的策略就是增加体验，通过体验在孩子脑海中明确建立"1 厘米有多大""1 米有多大"等概念。最好的办法是能充满智慧地用上身体上的"小尺子"：拃、庹、步长等（注：拃读 zhǎ，是指张开的

大拇指和中指（或小指）两端的距离；庹读 tuǒ，是指两臂左右平伸时两手之间的距离），这样孩子就可以随身携带"量"感尺，时不时估量一下，当面对单位换算的题目时，孩子的脑海中，就会潜意识地对换算前后的"量"有一个正确的概念。

2. "巧"用分类整理，确立单位的横向和纵向整体认知

有了单位换算的"感觉"，接下来就是换算方法的问题了。小学阶段的不同种类的单位换算很多，这就得积累更多单位换算的进率。所以，我们要将所有学过的"单位"进行分类整理，建立单位换算的关联，从横向和纵向两个方面确立整体的认知的关联。例如长度单位、面积单位、体积（容积）单位，它们是从一维走向三维的变化，我们要建立它们的纵向的发展关联，进率随之也就是一维走向三维进率的变化。如果我们再把一维的长度和"十进制"进行关联，这三种单位的"单位换算"就变成了孩子最熟悉的"数位"变换了；我们也可以建立横向的上位关联，如通过"十进制"建立起长度单位和人民币单位的关联，还有"克与千克""米与千米"等。找到不同类的单位换算的关联点，知识就"融会贯通"了。

3. "智"用精准关联，聚焦"特殊"的单位换算题型

如果我们能建立起知识的关联，将知识进行关联整合，方法就有了"普适性"价值。这时我们就可以用"精准"聚焦一些"特殊"单位换算，以及"特殊"换算题型了，当孩子遇到这些"特殊点"的时候，用"特别"方法去对待，就可以避免出错。如时分秒的进率是 60，年和月的进率是 12，公顷和平方米的进率是 10000，对这些"不统一"的进率要特别地记录和关注。再如，复式单位转化是难点，容易出错，我们就可以对复式单位转化的两种形式进行对比分析，将所对应的换算方法了然于心，这样就可避免没有重点地对所有单位换算"均匀用力"。

4. "熟"用规范的换算方式，把握题目的细微要点

所有单位换算都是有规范和规律的，都需要循序渐进地熟练把握。建构了单位换算的关联，精准细化了单位换算的方法后，就需要关注和规范一些做题的习惯了。如看题的过程要先读出是从高级向低级转化，还是从低级向高级转

化,确定是乘还是除以进率;其次看,两个单位间是相邻还是隔一个单位,确定进率是 100 还是 10000;最后要检查小数点的移动是不是准确,加的"零"的个数是不是对,有时候还需要用分数呈现结果,应检查是不是最简分数。

第 **61** 问

如何练就一双提取解题有效信息的 "火眼金睛"？

解题时，有的孩子常遇到这样恼人的情况：读完一道题目脑子一片空白，没有思路。可是当老师或家长领着读一遍后，就会了，于是被归结为不认真读题。这种情况是真的"不认真读题"吗？其实并不尽然。其中一个重要原因是孩子没有形成提取"有效信息"的能力，而老师和家长在读题时，往往会将关键信息加重语气，无形中帮助孩子提取了重要的有效信息，进而帮助孩子理解了题意。

如何让孩子自己提取"有效信息"，形成独立的审题能力呢？

1. 明确什么是"有效信息"

所谓提取有效信息，就是从题目的叙述中找到能够解决问题的、具有一定的量和质的信息，而且能够排除无效的、不确定的信息，通俗地说就是对解题有用的信息。其中重点要从"直接信息"和"隐含信息"两个角度去寻找。

（1）直接信息

直接信息就是通过文字、图片、图表、实物等直接呈现出来的信息。（图 3-13）

图 3-13

① 平均每人能分几块蛋糕？　　　　　　　　□○□ = □（块）

② 平均每人能分几个梨？　　　　　　　　　　□○□ = □（个）

③ 有 8 瓶饮料，每人 2 瓶，可以分给几人？　□○□ = □（人）

④ 你还能提出什么问题？

例如，在解决这组问题时，第③问中的"8 瓶饮料""每人 2 瓶"是文字直接呈现出来的信息，第①②④问是图片呈现出来的直接信息——4 位小朋友、8 块蛋糕、12 个梨。

再如，根据条形统计图，可以知道一格代表多少、哪个量最多、哪个量最少等；折线统计图中，根据图像是一条过原点的直线，可以判断两个量成正比例关系，可以对数据进行估计等，这些都是直接信息。（图 3-14）

1. 各国第一颗原子弹爆炸到第一颗氢弹爆炸相隔时间统计如下。

第一颗原子弹爆炸到第一颗氢弹爆炸相隔时间统计图

相隔时间（年）

美国　法国　英国　苏联　中国　国家

（1）1格代表几年？

（2）各个国家第一颗原子弹爆炸到第一颗氢弹爆炸，相隔的时间分别是多少？

（3）你还能得到哪些信息？

6. 一辆汽车行驶的路程与时间的关系如下图。

路程（千米）

时间（时）

（1）从图中你发现了什么？

（2）根据上图估计一下，要行驶600千米大约需要多少小时？

（3）估计一下这两汽车8.5小时大约行驶多少千米。

图 3-14

（2）隐含信息

主要是指题目中没有直说却隐藏在文字本身之中，要靠我们的思维加工去分析、发掘、揭示的信息。

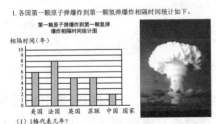

如右图，做这样一个底面周长是25.12厘米的笔筒大约需要多少平方厘米的材料？（得数保留整数）

欣欣把一块底面半径2厘米、高6厘米的圆柱形橡皮泥捏成一个与圆柱底面相等的圆锥形。你知道它的高是多少吗？

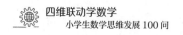
例如,上述这两道题目中"笔筒"意味着"无盖",因此需要的材料应为"侧面积加一个底面积";"把圆柱形橡皮泥捏成圆锥形"说明"体积相等"。

六年级同学做广播体操,每行站20人,正好站12行。如果每行站16人,站多少行?这道题目中"六年级同学"说明"总人数一定"。

因此,我们可以结合问题,直接提取信息,或挖掘隐含信息并转化为文字信息等,再进行解决。

2. 懂得怎样提取"有效信息"

知道了有效信息,怎样顺利、全面地找出它们,并清晰地表示出来呢?我们可以采用表格文字摘录法、符号标记法、圈画关键词等方法进行有效提取,重点采取。

(1)表格文字摘录法

对于比较明显的信息,我们可以直接提取关键数量,并将它们用表格或文字进行摘录。(图3-15)

图 3-15

通过表格或文字摘录法,对条件和问题进行整理,逐一排除解题中的无关信息,使解题中的"有效信息"更加清晰、简洁地显露出来。其中需要注意的是,无论用哪种方法整理信息,都应将"单位"也一并整理,这样才能更准确地弄清数量之间的关系,找到解题方法。

(2)符号标记法

对于图片信息、图表信息,我们可以按照"从上往下""从左往右"的顺序进行观察,分析信息中的有效点,重点内容用符号进行标记,一看一目了然。例如,数一个画一条小斜杠、数十个圈个圈。在统计图或正比例关系图中,可借用直尺等工具比一比,帮助我们找准确的数据。

(3) 圈画关键词法

一个题目中常常有隐含的关键词,而这些关键词往往都是解题最重要的有用信息,是我们解决问题的"指路标"。我们对于题目中的隐含信息,可以采用圈画关键词的方法提醒自己。例如,看到圆锥两字,往往是解决和体积有关的问题,就要圈出"圆锥"两字,并标注"1/3";又如,植树问题中的"两端都栽""一端栽一端不栽""在路的两旁栽"等,情况不同时解决方法也不同,可以通过圈画关键词提醒自己。

3. "透视"真实意义的有效信息

每一个题目中的关系常常不是单一的。我们学过很多关系式,解题时却不知道该用哪一个。究其原因,是因为对信息表示的意义不清晰。例如:

① 明新骑车从甲地到乙地,前 5 分钟行了 700 米,照这样的速度,从甲地到乙地一共用了 20 分钟。甲乙两地相距多少米?

② 明新骑车从甲地到乙地一共用了 20 分钟,每分钟行 140 米,返回时每分钟行 100 米,返回时用了多少分钟?

5 分钟	700 米
20 分钟	? 米

20 分钟	140 米 / 分
? 分钟	100 米 / 分

路程 ÷ 时间 = 速度(一定)

解:甲乙两地相距 x 米。

$$x : 20 = 700 : 5$$
$$5x = 14000$$
$$x = 2800$$

答:甲乙两地相距 2800 米。

速度 × 时间 = 路程(一定)

解:返回时用了 x 分钟。

$$100x = 140 \times 20$$
$$100x = 2800$$
$$x = 28$$

答:返回时用了 28 分钟。

这道用比例解决实际问题,整理信息后发现,都是"……分钟""……米",解题方法却截然不同,第①问是正比例关系,而第②问却是反比例关系,这是为什么呢?

因为两道小题信息表示的意义不同。第①问"700 米"表示的是路程,要求的"多少米"也是路程,因此,要分析的是路程和时间之间的关系,自然是正比例关系。而第②问"140 米 / 分"表示的是速度,因此,要分析的是速度与时

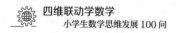
间的关系,自然是反比例关系。

两道小题相似,数量关系和解决方法却完全不同,这就需要我们练就一双火眼金睛,不仅要能看"到"有效信息,还要能看"透"有效信息,明确其表示的意义,只有这样,才能准确分析数量关系,正确解答。

第62问

遇到百字长题,如何学会四招"读解秘籍"?

青岛世界园艺博览会(简称"青岛世园会")园区规划建设主题馆、植物馆、园艺文化中心等 7 个重要建筑,总建筑面积约 10.6 万平方米。其中,主题馆区的总建筑面积约 2.8 万平方米;植物馆的总建筑面积约为 2.3 万平方米。世博园里的植物园风景如画,吸引了大批游客参观,现推出网络优惠活动,一张门票如果网上购票比原来优惠 4/9,优惠了 20 元。

① 主题馆的总建筑面积比植物馆的总建筑面积多百分之几?

请画线段图表示出数量关系。

解答。(百分号前保留一位小数)

② 一张植物园门票原价多少元?

这道题近 300 字,像一篇小短文。猛一看,很吓人,有的孩子甚至一看就想放弃。但如果我们仔细一分析,解题并不难。

题目很长,实际只有两问:

第一问,求一个数比另一个数多百分之几;

第二问,已知一个数的几分之几是多少,求这个数。

两个问题都是教材中最基本的问题,数量关系也并不复杂。那么是什么原因导致孩子拿到题目后无从下手,甚至放弃呢?

篇幅长、信息量大,孩子对这种形式的题目明显不适应。

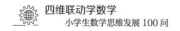
然而,真情境、真问题正是当下解决数学问题的新要求。《义务教育数学课程标准(2022 年版)》提出要在真实情境中发现和提出问题,形成模型意识、应用意识和创新意识。

所以,类似的题目只会越来越多,越来越普及。我们要做的就是努力提高孩子的数学阅读能力,让他们学会根据问题准确提取有效信息,在现实信息和所学知识之间形成联想,解决问题。

1. 日常生活重阅读

熟能生巧。在日常生活中,通过阅读报刊、书籍,有目的性地进行理解辨析。注意端正阅读态度,在阅读的过程之中学会动脑。特别是在阅读中学会快速找出"重点词",读懂文本的上下联系,高效率地理解关键内容。对重点段落要进行评价交流与对话,体悟内涵,总结方法,内化理解。日日坚持,或浅或深,或多或少,每天都有自己的感悟,逐步提高数学阅读水平。

2. 学习解题重实践

平时,有意识地选择长题多练习。在完成一个单元或一个知识板块的学习后,学会对所学的知识进行归纳小结。课堂上,老师可以在孩子们各自阅读长题的基础上,请不同的孩子表达自己的思考过程,其他孩子进行补充或优化;或者请部分孩子板演自己的思考结果,本人或其他孩子表达其意义。这样,不仅能使孩子们的阅读能力得到有力提升,而且还能使他们的思维训练得到巩固强化,同时使他们的数学语言表达和理解能力得到有效培养。在遇到超长题时,就有解题实践的经验积淀。

3. 具体解答重分析

数学阅读理解长题,重在对现实信息的阅读与分析,它需要孩子阅读大量的信息资料,然后根据解题要求抽取全部有用信息,抽象出数学模型,最后运用数学方法对数学模型进行解答。比如上述这道题目干扰信息较多,"10.6 万平方米""2.8 万平方米""2.3 万平方米"这几个条件会干扰孩子们的思路,部分孩子将这几个面积信息混淆。

4. 综合提升重素养

数学与多学科融合，与生活实践相融合，这些将是数学学习的大趋势，数学阅读题往往考察的是孩子知识掌握、阅读能力、分析能力、数学表达能力等多种素养。因此，孩子综合素养的提升是做好数学阅读题的必经之路。

第 63 问

带两个"0"以上的大数，孩子一写就出错的"症结"到底在哪里？

"三千零三，多简单啊，怎么就能粗心到写成'303'呢？"常有家长这样反映，孩子一遇到两个"0"以上的大数，一写就出错！

写数是小学阶段一个最基本的知识点。但在这个知识点上，很多孩子容易"粗心"犯错，尤其是到了四年级以后，书写带两个以上 0 的数，错误率就更高了。如何避免出现这样的错误？这值得我们好好地去深研。

1. 寻根求源找"症结"

这个错误最初出现在万以内数的认识这一单元上。当出现了"千"这个计数单位后，往往会出现中间有两个"0"的数。但是根据读数的规律，如果中间出现了连续两个 0，那么读的时候就只读一个 0，末尾的 0 是不读的。

运用这个读数方法读数时，是从高位读起，千位是几，就读几千；百位是几，就读几百；十位是几，就读几十；个位是几，就读几。数字中间的 0 只读一个，末尾的 0 不读。按这个读数的方法读，孩子们应用起来比较容易。只要记住了"数的中间，不管是多少个 0，都只读一个"的规则，孩子们就能读对。例如，看到"3003"这个数时，孩子们就可以直接读成"三千零三"，不至于读错。

但是写就不一样了。孩子需要在脑海中"盘算"一下："三千零三"中到底有几个 0。有的孩子缺少了这个"盘算"的过程，就可能写错。因为，在"读与写"

的转化过程中,人的思维和动作,是难以达到完全同步的,会有一个延迟的瞬间。当孩子的眼睛看到两个"零"的时候,可以直接反映到脑海中,顺畅地读出三千零三。而当写这个数的时候,就很容易顺着自己的读音,口里读一个"0",手上也写成一个"0",而忽略读音中隐含的那个"0",出现读起来对,写出来错的问题。尤其是在写万以上的大数时,更容易出现这样的问题,如写数"三千零三万零三"可能误写成"30303""303003""300303"。

2. 对症下药找"方法"

"症结"找到了,就要对症下药找"方法"了。要"盘算"什么呢?"盘算"一下读的数中到底有几个0。它由什么决定呢?它是由数位顺序的规律决定的。这个规律就在数位顺序表中。

要使得"药到病除",首先在认识数时要给孩子建构好数位顺序表。只要孩子心中有了这张表,写数就有了"扶手"。如"三千零三"按照数位顺序表,确定最高位是千位,然后按照数位顺序表的顺序"千、百、十、个"依次给每个数留出各自位置。再根据读法,对应数位写数。三千,所以千位是3;再写百位,当没有数字时就写成0;再写十位,没有数字也写成0;最后写个位,是3。(图3-16)

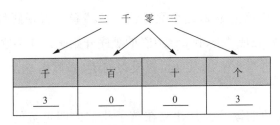

图 3-16

或者先把非0的数字根据数位顺序表的位置填上,剩下没填数的位置就都是0了。这样就避免了漏写0的问题了。

对于"三千零三万零三"这样的大数,写法也是一致的。先确定含有几个数级、最高位是什么位。由"三千零三万"可以确定含万级和个级,最高位是"千万位"。形成对应的8个数位。(图3-17)

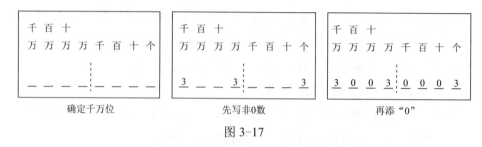

图 3-17

因此,在出现新的计数单位时,帮助孩子建立起"数位顺序表"至关重要。但"数位顺序表"比较抽象,对于初次认识数字的孩子们,我们怎样来帮忙呢?诀窍就是"循序渐进,慢慢扩展"。学习百以内的数时,孩子脑海中应该有"两位数,即个位、十位"的感知,孩子虽然不用说出"数位"这样抽象的概念,但要在计数器上找到并能描述。当"百"出现后,数位往左又多出一位,有"百"就是三位数了,以此类推。虽然没有给孩子呈现数位顺序表,但借助计数器和数感的发展,孩子脑海中其实已经有了这个表,只不过是借助"计数器"的直观"表"。

3. 应用方法解"难题"

有了数位顺序表后,在面对那些孩子头痛的难题时,孩子也有了扶手。"一个数千位上是6,十位上是2,这个数是(　　　　)。"孩子发现题目描述最高位是"千",这是四位数,按照"千、百、十、个"的顺序开始确定4个位置。

千位上是6,再写十位2,其他位置没有描述,都写0,这个填空题就容易多了。

万以上的大数的读写都是建立在孩子扎实的四位数的数位顺序的基础上。只不过大数增加了数级,每一个数级上都是"四位数"的书写,如个级(个位、十位、百位、千位)、万级(万位、十万位、百万位、千万位),大数的写数自然就不在话下了。

对于数的认知,把以上提到的整数的读写,拓展延伸到小数部分,就形成了小数的读写规则。小数的读写较整数来说相对简单,从最高位写出整数部分后,加上小数点,然后从小数部分最高位开始,像编码一样依次读出各个数位上的数字即可,有几个0读几个0。

构建出完整的数位顺序表(图3-18),就形成了完整的数的认识。有了这些方法,无论是简单数字,还是复杂的数字,写起来都不会出错啦！快来试一试吧。

	整 数 部 分													小数点	小 数 部 分				
数位顺序	…	第12位	第11位	第10位	第9位	第8位	第7位	第6位	第5位	第4位	第3位	第2位	第1位	.	第1位	第2位	第3位	第4位	…
数位名称	…	千亿位	百亿位	十亿位	亿位	千万位	百万位	十万位	万位	千位	百位	十位	个位	.	十分位	百分位	千分位	万分位	…
计数单位	…	千亿	百亿	十亿	亿	千万	百万	十万	万	千	百	十	个(一)	.	十分之一 0.1	百分之一 0.01	千分之一 0.001	万分之一 0.0001	…
分级	…	亿 级				万 级				个 级									
每级单位	…	亿				万													

图 3-18

第 **64** 问

"轴对称图形"认知的"易错点"在哪里?

如果你问平行四边形是轴对称图形吗? 大部分孩子都会判断。

但如果我们换一种形式问:

是轴对称图形吗?

很多孩子就会出错。

为什么文字描述不出错,换为图形孩子却作出错误的判断? 调研了孩子本人和一线老师,他们给出了这样的回答:"平行四边形不是轴对称图形,老师说过很多次,我记住了! "

原来当我们直接问孩子平行四边形是轴对称图形吗? 孩子是快速调出了脑海的记忆,利用自己"背过"的知识,直接作答的。而我们在题目中,给孩子呈现的是平行四边形的图形时,孩子是当作图形想象或画对称轴进行判断的。这种现象也就暴露出孩子并没有真正认知"轴对称图形"这个概念。"轴对称图形"在小学数学知识点中属于孩子公认的比较简单的知识了,概念的理解并不难,那为什么在平行四边形的判断上会出现这一"顽固性"错误呢?

看看青岛版三年级下册教材,上面就有关于"轴对称图形"的内容,它是这样描述的。(图 3-19)

图 3-19

这样的描述,把轴对称图形的概念,已经说得很清楚了。课堂上通过老师讲解,大多数孩子对其概念也能够通过语言表述出来。到底认知的"易错点"在哪里呢?又该怎么解决呢?

1. 区分"完全相同"和"完全重合"

如果孩子把平行四边形的对角线认为是对称轴,那么对称轴两边的三角形是不是很像,是不是"完全相同"呢?所以,"完全相同"来自孩子们的眼睛,来自视觉。(图 3-20)

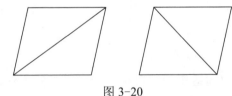

图 3-20

换一种触觉感官,那么结果可能就不同了。沿对角线对折,两边的图形相互交错,它们不能完全重合。

实践操作给我们更真实的感受,这一点在轴对称图形的判断上尤其贴合。视觉带来的"完全相同"与触觉操作感受到的"完全重合"并不是一个概念。所以,拿不准的时候,动动手吧!

2. 区分"完全重合"和"对折后完全重合"

轴对称属于图形的运动的内容,我们就从运动联系的视角进一步体会轴对称图形的特征。

能让两边图形完全重合的运动方式至少有三种:通过平移使两边的部分重合,通过旋转使两边的部分重合,但这都不符合轴对称图形的概念,所以这两种图形符号都不是轴对称图形。只有通过对折使两侧的部分完全重合的图形才判断为轴对称图形,例如等腰三角形、圆。

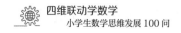
我们所讨论的平行四边形,想要两边完全重合,可以旋转加平移,但它不能通过对折得到,不是轴对称图形。

所以,判断一个图形是不是轴对称图形,关键要看"对折后,图形的两边是否能完全重合"。拿不准时,折一折吧!

3. 由整体到局部,换个角度判断轴对称

我们会有画出轴对称图形的另一半的操作。回忆画图的主要方法:确定所给图形的关键点;根据对称轴确定距离,通过数格子的方法确定对称点。

注意:这里任意一组对应点到对称轴的距离相等,即轴对称图形中任意一点都能找到其对称点,其对应两点的连线能够被对称轴垂直平分。(图3-21)

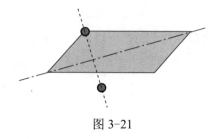

图 3-21

所以,我们可以逆向运用画轴对称图形另一半的方法,由整体转向局部,关注其内在,通过找图形的对应点、对应线段,判断图形是否为轴对称图形。拿不准时,画一画也是个不错的方法。

三个拿不准,三种策略。但前提是,你不是看一眼后就盲目快速地下结论,多思、多想、多操练,是这个案例给我们的启示。

第 **65** 问

竖式计算中，带"小数点"的乘除"易错点"在哪里？

小数乘除法的学习是建立在理解了整数乘除法的计算原理、掌握了计算方法的基础上进行的。孩子既然已经掌握了整数的乘除法竖式计算，为什么带上"小数点"计算总是容易错呢？让我们从错题中分析原因吧！

第一，先看带"小数点"乘法的"易错点"。（图 3-22）

① 263 × 3.5 = 820.5

```
      263
   ×  3.5
   ─────
     1315
     789
   ─────
    820.5
```

② 0.37 × 14 = 518

```
      0.37
   ×   14
   ─────
      148
      37
   ─────
      518
```

③ 4.56 × 1.05 = 0.684

```
      456
   × 1.05
   ─────
     2280
     456
   ─────
   0.6840
```

④ 4.37 × 230 = 100.51

```
     4.37
   × 230
   ─────
     1311
     874
   ─────
   100.51
```

图 3-22

第①题：

按照整数乘法的计算方法，计算出结果，再点上小数点，看似没有问题。但还是错了。

到底哪里错了？得一步一步算算看。最后一步加法中，最高位上进位没加，所以是整数乘法计算出了错，因为进位的书写习惯问题，导致小数乘法算错了。

第②题：

按照整数乘法正确算出了积。却忘记了最重要的一步——数出因数中一共有几位小数,再从积的右边数出几位,点上小数点。一个小数点没点,导致前功尽弃。

第③题:

错在哪里呢?对于因数中间有 0 的这类问题,整数乘法中也有涉及。整数乘法 456×105 的百位上的 $1 \times$ 个位的 6,得 6 个百,所以应该和百位的 1 对齐。归其本源,这道题还是因为整数乘法计算有误,导致小数乘法计算的错误。

第④题:

末尾有零时,在整数中也经常会遇到计算时忘记把"甩"出的 0 落下来的情况。所以,根本问题还是出在整数乘法的计算上。

综上分析,小数乘法的错误主要分为两类:因为整数乘法的计算出现了错误,最终点小数点的时候出现数错数位或者位数不够没有添 0 补位等问题。

大多数还是第一类错误,要想提高小数乘法计算的正确率,要夯实整数乘法竖式的计算能力,提高整数乘法计算的正确性,再正确落实点小数点的规则即可。

第二,再看带"小数点"的除法"易错点"。

小数乘法的正确率极大地依赖于整数乘法计算的正确性,那小数除法呢?小数除法主要指除数是整数的小数除法和除数是小数的小数除法,在计算中,有这样几类典型错误(图 3-23):

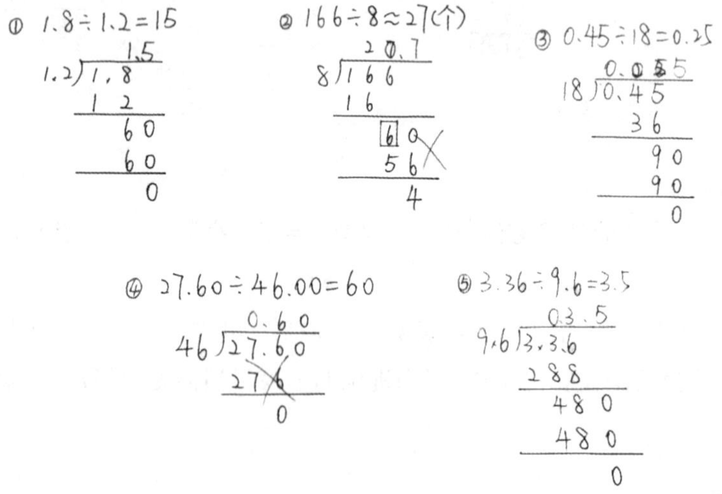

图 3-23

第①题：

把除数转化成整数，小数点向右移动 1 位，被除数也相应地向右移动 1 位，按整数除法计算后，商忘记点小数点。如果在除数转化成整数后，把被除数新的小数点也标上，在试商的时候，就会更明确每一个数位上数字的含义，从而做到商的小数点和被除数的小数点对齐。

第②题：

在计算到个位上的 6 时，把 6 落下来，继续除，发现不够商 1，所以添 0 继续除。错在不够商 1 时，没有商 0，个位不够分，需要商 0。实质上，是对于"除到哪一位商就写到哪一位"这个算法的原理没有理解透彻，我们结合算理来分分看。个位上的 6，平均分成 8 份，每份不够分 1 个一，也就是说一个一个地分，不够分，那应该在个位上商 0。这时，6 个一要细分成更小的计数单位继续分。6 个一，细化成 60 个十分之一，平均分成 8 份，每份得到的是 7 个十分之一，所以 7 写在十分位上，自然就实现了除到哪一位，商就写到哪一位的计算方法。

第③题：

注意到整数部分不够除，即不够商 1 就商了 0，然后再分 4 个十分之一。和第②题的错因相同，4 个十分之一平均分成 18 份，不够商 1，没商 0。究其原因，还是对算理的理解不深刻，虽然明白了其中的算理，但是没有和竖式中每一步做到一一对应，导致计算中出现数位对错的问题。

第④题：

横式中的除数 46.00 小数点向右移动两位转化成整数，要使商不变，被除数小数点也向右移动两位，扩大相同的倍数。但在竖式的书写过程中，这个孩子发现，46.00 和 46 大小相等，把 46.00 末尾的 0 去掉，不影响计算的结果。但思维只到这一步，出现断层，误认为把除数扩大成了整数，错误地把被除数也相应地扩大了 100 倍。因为思考过程不完整、思维的不连贯性，所以出现了只扩大被除数的错误。

第⑤题：

最初学习除数是小数的除法时，比较常见的是，被除数和除数都分别扩大成整数，而非扩大相同的倍数，这是计算结果出错的根本原因。没有理解"为什么要移动被除数的小数点"，只是机械地把除数和被除数小数点去掉，把他们都转化成了整数。

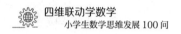

通过上面几道错题的分析,我们可以把小数除法的错误归结为这样几个原因:

一是整数除法计算有误,会导致小数除法转化后,计算过程中出现错误。

二是根据整数除法的计算原理,迁移类推,没有完全理解小数除法的计算原理。比如,某一位不够商 1 就商 0。整数除法也存在商中间有 0 的情况,没有建立起小数除法和整数除法计算原理的关联性,没有理解运算的一致性。

三是小数点或商的位置错误问题,这是小数除法中最经常遇到的错因。

小数除法的主要错误原因,究其根本,还是不理解"为什么商在这儿",也就是算理。算理和算法相结合,算理是基础,算法是表象。竖式中每一步,要和除法平均分的每一步做到一一对应,才能使算理中的"数形结合"发挥它最大的价值,从而理解算理,掌握算法。这些错题,表面看是没掌握算法,本质上是没理解算理。

因此,我们不要抱怨孩子计算为什么总是错,而是要分析清楚错题原因。"粗心""马虎"这类笼统的错因,对于提高计算正确率没有价值。除法是计数单位的细分,分到哪一个计数单位上的数字,平均分后就得到的是几个这样的计数单位。在竖式计算的学习中,把每一步都和计数单位的细分结合起来,一一对应,才便于理解"除到哪一位商就写到哪一位""不够商 1 就商 0""有余数,添 0 继续除"等计算口诀。所以小数除法要想提高正确率,首先要确保整数除法的计算掌握得非常好。

除数是整数的小数除法计算,如何确定小数点的位置? 商的小数点为什么和被除数的小数点的位置对齐? 要理解透,分的是什么计数单位,对应的商就是什么计数单位。

遇到除数是小数的小数除法,要先正确转化成除数是整数的小数除法,由商不变的性质,根据除数扩大的倍数,同时把被除数扩大相同的倍数,这是计算正确的第一步准备工作。

总之,夯实整数乘除计算的基础,结合小数乘除法和整数乘除法的一致性,通过数形结合等直观形象的方式,理解每一步计算的道理,确定好每一个数字所在位置的意义,计算的正确率会随之提高。

第 66 问

这道计算题中的推理有迹可循吗?

作为家长,您有没有遇到这种情况:当看到孩子不会做一道题或者发现孩子做错了某道题的时候,您兴致勃勃地给孩子讲了半天,可是孩子很茫然,似懂非懂。这个时候您是不是有挫败感,难道自己连小学都教不了了?

比如这道题目:

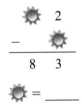

您是不是会这样讲:"2 减 ![太阳],不够减,所以向十位借 1,12 减 ![太阳] 等于 3,所以 ![太阳] 等于 9。十位上 9 退位减 1,正好是 8。"

看起来,您讲的方法很明确、逻辑很清晰,就这道题来讲,孩子也能做对。但换道相似题,孩子还能做对吗?如果不能,问题出在哪里呢?

其实,我们仅仅关注了这道题的解题思路和方法。真正不会的孩子所需要的是什么?是这个思路从哪里来的、这个方法是怎样想到的。

那么,这道题到底从哪里入手讲呢?先观察竖式。读一读,几十二减几得八十三。

再根据这道题目数之间的关系,具体分析推理。

个位够减吗？分析：个位上是 2 减几得 3，因为 2 减几都不可能得 3，所以，一定是 12 减，12 减 9 得 3，从而确定减数是 9。

被减数十位上的数是几？分析：因为差是 83，十位上的数退一之后是 8，因而十位上是 9。

形成思路：个位上想 12 −（　　　）= 3，十位上想（　　　）− 1 = 8。得到结果，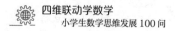是 9。

最后进行计算验证，92 − 9 = 83。

给孩子讲题，要基于他们的需求，要完整地经历了发现问题、分析问题、解决问题的过程，明确解决同类问题的思考路径，形成初步的推理方式，再碰到此类问题时，才能举一反三，正确应答。

在不断地体验成功中，孩子便能热爱数学，感受数学的神奇魅力。

第 **67** 问

这道概念题背后隐藏着孩子的哪些需求？

请看这道概念题：

$a \div b = 1 \cdots\cdots 1$（$a$，$b$ 为非 0 自然数），a 与 b 的最大公因数是（　　）。

为什么课堂上老师讲、同学讲，回家家长讲，有的孩子依然不明白？您可能是这样讲吧："因为 $a \div b = 1 \cdots\cdots 1$，所以 a 和 b 是互质数，互质的两个数的最大公因数是 1。"是不是讲得很明白了？

什么是最大公因数、什么是互质数、互质数的最大公因数是几，这些知识孩子记住了，也记住了您所讲的，知道答案应该是 a 与 b 的最大公因数是 1。

看起来，这道题得到了解决。但真正跟孩子交流时，却发现结果并不令人满意。

"老师，我其实知道什么是最大公因数，也知道怎么求最大公因数，明白两个数互质，公因数只有 1。但是，为什么 a 和 b 互质呢，这种互质的关系是怎么得到的呢？"

原来，孩子真正的困惑点在这里。他们不能从 $a \div b = 1 \cdots\cdots 1$（$a$，$b$ 为非 0 自然数）的题目中，分析出 a 和 b 的关系为 a 和 b 是相邻的自然数。所以，我们讲题的切入点也应该在这里。

追根溯源，对于因数和倍数的学习，教材只强调了乘法算式 $a \times b = c$（非零自然数），a 和 b 都是 c 的因数，忽视了除法算式，或者说，没有建立乘除法之

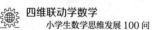
间的关联,即看见除法想乘法。另外,当变式不是整除,而有余数的时候,孩子更是发现不了它们的关系。

分析清楚了导致孩子不懂的真正原因,我们就要想办法给他们补上这一课。可以用的方法如下:

一是从算式的意义上理解。$a \div b = 1 \cdots\cdots 1$($a$,$b$ 为非 0 自然数),分析除法算式意义,a 里面有 1 个 b,还多 1。所以 a 比 b 大 1,a、b 相邻,a、b 互质。

二是举例子。给 a、b 赋上值,更直观,更容易理解。例如 $8 \div 7 = 1 \cdots\cdots 1$,7 和 8 互质。

三是转化成乘法算式。$a = b + 1$,a、b 互质。

我们讲题前擅于与孩子沟通交流,让孩子的困惑真正显露,由此对症下药,问题才能真正得到解决,这样讲题才能真正达到效果。

第 **68** 问

如何面对孩子解计算题中的困惑点?

　　有时候我们会面对一些很简单,但孩子却反复出错的题目,这时候怎么办呢? 首先,要让孩子自己先反思。不能是"运算顺序错了"这种浅层次的反思,而是要帮助孩子进行深入的思考和理解,必要的时候可以赋予一定的情景。

　　例如下面的题目,虽简单,但孩子常常容易出错:

$16 + 12 - 16 + 12 = 0$

$25 \times 4 \div 25 \times 4 = 1$

　　当我们给孩子在题目上打上错号的时候,孩子已经意识到这道题出现了问题。一般情况下,他们能够发现自己的问题是受到数字的影响,运算顺序出现错误。那反思到这里行不行呢?

　　答案肯定是不行的。

　　仅仅停留在浅层次对错误的认识上,那么相似的问题下次还会发生。只有让孩子认识到深层含义,才能有效地避免今后出现同样的问题。

　　那么接下来我们应该怎么做呢? 其实,我们可以将其放入情境之中。让我们利用这个算式来讲个数学故事吧!

　　一辆公交车上原有 16 人,第一站上来 12 人,第二站下车 16 人,第三站上车 12 人,现在公交车上有多少人?

　　根据题意,一辆公交车上原有 16 人,上来 12 人,也就是 16 + 12,又下去

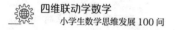

16 人,现在是 16 + 12 − 16,最后上来 12 人,那现在公交车上有 16 + 12 − 16 + 12 人。

讲故事的过程,就是内化理解分析信息的过程,解决问题的方案也就自然生成,回到原题上,可以按照从左到右依次计算的顺序进行。

通过对这个题目的分析发现,计算里面蕴藏着思维方式,只有引导孩子从浅认识到深思考,才能更好地帮助孩子解决问题。

当然,日常我们也要通过对孩子读题习惯的培养,如在做题前,先用线标注运算顺序再计算等方法,引导孩子避免错误的发生。

第 **69** 问

如何通过动手实践来叩开解题之门？

① 把一条绳子对折三次之后，对折后的绳子是原来绳子长度的几分之几？

② 一块长 35 厘米、宽 25 厘米的长方形铁皮，在它的四个角上分别剪去面积相等的四个小正方形后，正好可以制成一个高为 5 厘米的铁盒，求这个铁盒的体积。

③ 一个长方体长 2 米，截面是边长 3 厘米的正方形，将这个长方体木料锯成五段后，表面积一共增加了多少平方厘米？

这些题孩子们做了很多，我们也讲了很多，有的孩子还是不会做。究其根本原因，就是空间想象能力弱，没有实际的经历和体验，头脑当中无法形成正确的表象，很难正确地解决问题。

那么遇到这样的问题怎么办呢？

我们可以结合实例，通过让孩子折一折、切一切、拼一拼等实际操作，获得具体的经验，帮助孩子经历体验、感悟、探索的过程。

第①题，可以借助绳子或纸条对折三次，展开后进行观察，孩子就很容易发现，对折三次就是把一根绳子平均分成八份，每一份是这根绳子的八分之一。

第②题，让孩子用纸画一画、剪一剪、折一折，就能够得出这个铁盒长、宽、高，求出铁盒的体积。

第③题的解题关键是要先明确增加了几个面,这也是本题的难点与易错点。这样的题目,如果我们让孩子经历切一切的过程,孩子就很容易得出增加多少个面,便能有效地解决问题。

因此,遇到类似上述问题,让孩子通过尝试动手操作,可以增加感性认识,获得更多的具体经验,从而形成初步的理性认识,能够更好地寻求解决问题的思路,获得正确的结论。

第70问

知道"数量关系式",为什么还做错题?

在小学数学学习中,老师会带领孩子们总结归纳出许多"数量关系式"。例如:路程、时间、速度之间的关系式是速度 × 时间 = 路程;单价、数量、总价之间的关系式是单价 × 数量 = 总价;工作总量、工作时间、工作效率之间的关系式是工作效率 × 工作时间 = 工作总量。孩子们在学习了这些"数量关系式"后,面对单一情景,大部分都能利用关系式正确快速地解决问题。但有时遇到一些稍复杂的情景,仍然出错。原因是什么呢? 就在于没有把握其中的"密码"。

以下题为例(图 3-24):

图 3-24

题目:寒假小亮准备乘高铁 G210 从北京到青岛游玩。

① 高铁早晨 7:53 从北京南站出发,10:53 到达青岛北站,本次列车每小

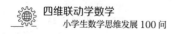
时行驶多少千米?

② 到达青岛北站后,小亮想乘坐 11:02 的地铁,他每分钟至少要走多少米?

孩子错误解答(图 3-25):

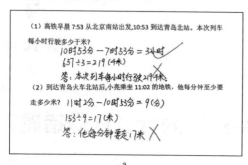

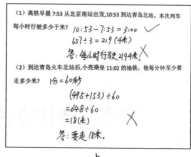

a　　　　　　　　　　　　　　　　b

图 3-25

这两个答案错在哪里?

答案 a 错误是因为孩子知道速度、时间、路程的关系式,但是没有正确地将现实情境与数学模型相关联。这道题中有两个情境,坐火车和坐地铁。孩子对于题中青岛北站和图片中的青岛北站地铁站,只关注了青岛北站四个字,没有具体分析青岛北站和地铁站的关系,导致信息选择错误,错把火车站到地铁站的路程当成了列车所行路程。

答案 b 错误是因为孩子无法正确选择相关联信息,导致无法正确解决问题。既将路程混淆,又没有算对时间,从 10:53 到 11:02 一共是 9 分钟,而不是 60 分钟。孩子没有学会分析问题,只知道速度 = 路程 ÷ 时间,但不能做到根据问题选择对应的信息,即相应时间里所对应的路程。

在前面的学习中,我们可以看到,虽然孩子们已经从具体的实例中抽象出了速度、时间、路程三者的数量关系式,并在认知结构中也形成了解决这类问题的依据和方法,而且实际中也在运用路程、时间、速度三者之间的"数量关系式"进行解答,但是,当面对上述这道题,即使孩子在熟悉的火车出游、坐地铁回家的真情境中,也无法选择相应的信息,导致出错。这说明孩子并未真正把握关系式的应用。

在"数量关系式"中,知识点的内化程度是反应在孩子解决问题的能力上的。孩子能否主动关联匹配到该模型,并应用模型来解决实际问题,是对孩子应用意识的一个现实的考察。上述这道题,孩子在两个具有梯度性的题目中出错,很好地检测了其对"路程模型"的理解程度,暴露出孩子在"数量关系式"的推导过程中,没有真正理解这些数、量之间的关系,使得孩子遇到稍复杂的情境就无法正确运用。由此可见,仅仅熟练记忆了"数量关系式"来解决问题是远远不够的,我们在教学中需要更多关注三个重点"密码"。

其一,要"知其然",更要"知其所以然"。即关注建模过程,关注源头本质。如本题中,两个问题求解的都是速度,即单位时间所行路程,也就是把总路程按对应时间平均分成若干份,求每份的数量。所以,本题的本质是平均分,重点是找准对应的路程和时间。

其二,要懂得"知其然"为何用。即关注现实情境与数学模型间的联系。从数学的角度观察现实世界,审视问题——找出本题中对应的两组信息问题;帮助孩子感悟现实问题背景知识,发现问题的本质与规律——明确路程问题,明确求速度;用数学的思维分析模型与现实问题的吻合度,用正确的数学表达解决实际问题——对应数量相除。

其三,要注重"知其然"与"知其所以然"的模型验证。

数学为人们提供了一种描述与交流现实世界的表达方式。所以,教学中我们要关注数学知识与实际的结合,让孩子在实际背景中理解数量关系和变化规律,经历从实际问题中建立数学模型、求解模型、实践反思、继而验证应用的过程。

第 71 问

你知道如何正确"勾"出这道"选择题"吗？

　　选择题是孩子们在数学学习中经常遇到的题型，往往大家觉得选择题的"勾"选很简单，一直以来都不是课堂练习、试卷讲评等教学环节中重点关注的题目。其实，小小的选择题里面恰恰包含着丰富的信息和知识点，覆盖数学的定义、性质、公式、运算、推理等诸多概念，还可以考察孩子基础知识的掌握程度和数学思维能力。在选择正确答案的时候，选项极具迷惑性，所以"勾"对选择题，对孩子的数学思维和知识点掌握是一个考验。比如，下面这道"选择题"，你能正确"勾"出答案吗？

　　一个三角形，两边的长分别是 12 厘米和 18 厘米，第三条边的长可能是多少厘米？在合适的答案下面画"√"。

6 厘米	25 厘米	30 厘米	38 厘米

　　你是怎么"勾"选的呢？它又隐含着怎样的数学思维呢？

　　看到它，我们脑海中的第一感觉是：它在考察三角形三边关系，用到的知识点是三角形任意两边长度的和大于第三边。那么在回答问题的时候，思考的过程又会带给我们什么呢？

　　解决问题应讲究一定的策略方法和逻辑性。

　　先看第一个方案："排除—尝试—验证"法。

第一步:排除。三角形任意两边长度的和大于第三边,具体到这道题也就是第三边一定小于 12 + 18 之和,可以排除 30 厘米与 38 厘米。

第二步:尝试。如果第三边为 6 厘米,12 + 6 正好是 18,所以只能选择 25 厘米。但 25 厘米是否正确,还需要进一步验证。

第三步:验证。25 + 12 > 18,25 + 18 > 12,12 + 18 > 25,所以 25 厘米结果正确。

以上是针对选择题进行推理的策略方法。解决这个问题,用了一个知识点(三角形任意两边长度的和大于第三边),排除—尝试—验证三种方法有条理地运用,对孩子的思维进行了非常有效的训练。

还可以有第二个方案:"假设—发现—验证"法。

这一方法对提高孩子的思维能力更有价值。

第一步:假设。假设最长边的长度为 18 厘米,那么第三边的长度一定大于 6 厘米。假设最长边的长度未知,那么第三边的长度一定小于 12 + 18 的和 30 厘米。第三边的长度一定是介于 6～30 厘米之间,所以 25 厘米结果正确。这是针对所有三角形三边关系的通用策略方法。

第二步:发现。就是要通过深究,去发现孩子在答案后面的思维过程。平时在做选择题时,我们往往选出正确的结果后,就不再追问解题的过程。仅仅停留在题目表面,不去深究和发现孩子得出答案后面的思维过程,这其实是对题目资源的一种浪费。

第三步:验证。我们应该在重视结果的同时,"验证"这个思考的过程。就是要刨根问底,还原有序的、完整的、理性的思维方式,找寻方法与方法之间的逻辑关系,利用已有的知识点,深研题目中的逻辑推理,可以更好地发展孩子的思维能力。

孩子们,你能像这样有条理地、清晰地分析解答这道题目吗? 你还想到其他的策略方法了吗?

第 **72** 问

如何通过一道"酵素配比"题,提升孩子的应用能力?

一次检测曾经出过这样一道题来检测孩子"按比例分配"的掌握情况和实际应用能力,可是许多孩子的答案不尽如人意,错误甚多。题目是这样的:

酵素是以动物、植物和菌类等为原料,经微生物发酵制得的、含有特定生物活性成分的产品。如果要配置如下表配方的酵素 700 克,需要果菜皮多少克?

酵素制作一览表

酵素产量	红糖	果菜皮	水
420 克	30 克	90 克	300 克
840 克	60 克	180 克	600 克

有的孩子答案是需要果菜皮 54 克,有的答案是 3500 千克。孩子的答案错得"离谱"。以下是当时的试卷。(图 3-26)

$420 : 700 = 0.6$
$90 \times 0.6 \times \frac{18}{90} \times \frac{1}{3} = 54(克)$
答:需要果菜皮54克.

$420 \div 90 \approx 5 (千克)$
$5 \times 700 = 3500 (千克)$
答:大约要3500千克.

$180 - (840 - 700)$
$= 180 - 140$
$= 40 (克)$
答:果菜皮40克.

$840 \div 700 \times 180$
$= 1.2 \times 180$
$= 216 (克)$
答:需要216克。

图 3-26

通过试卷上的答题，我们可以看到有的孩子隐约地知道题目是考查数量间的除法或者比的关系，但对于数量间的除法关系理解较为混乱。由于这个题目跟平时练的直接考查知识点的题目不同，很多孩子就没有意识到这一道题是在考察按比例分配的知识，尤其是 420 和 840 的出现，更让孩子们摸不着边际。

解决本题的关键是什么呢？除了前面给出的应对方法，我们还应注意把握三个"点"。

1. 找到各配料之间的"比值"

我们说的配方，就是通过各种不同的物质（或组成部分）组合得到的方法和配比。想根据配料的成分配出一个科学的配方，重点在于找出配料之间的"比"。在本题中结合生活中的素材不可能把现成的、正好的"比值"信息呈现出来，而是需要孩子找到两组配料表里的共同点，进而按比例分配，即三种配料的比是一致的，都是 $30:90:300 = 60:180:600 = 1:3:10$。

因此，本题的果菜皮为：

$$700 \div (1 + 3 + 10) \times 3 = 150（克）$$

2. 沟通知识与应用之间的"关联"

本题考查的是孩子对知识与应用之间的紧密联系的理解度，具体来说，就是考查孩子提炼信息的能力，进而考查孩子的应用能力。有研究表明，孩子数学能力的培养不是在抽象与反复练习中发展的，而是在问题解决的过程中得到发展的。因此在日常生活中，让孩子学会用数学的眼光发现和提出问题，挖掘其中蕴含的数学知识，感受数学与生活的密切联系，才能更好地促进和培养孩子的数学应用能力。

3. 用"题例"将新课标落到"实处"

本题的内容与落实新课标要求密切相连。《义务教育数学课程标准（2022版）》针对学业质量有这样的描述：应从孩子熟悉的生活和社会情境，以及符合孩子认知发展规律的数学和科技情境中，在经历"用数学的眼光发现和提出问题，用数学的思维和数学语言分析解决问题"的过程中，来形成模型观念、数据观念、应用意识和创新意识。这道"酵素配比"题是孩子们现在和将来会经常遇到的现实问题，也是新课标所重点要求的。如果平时缺少这方面的实际训练，

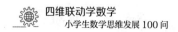

在检测中就会"露马脚"。我们学习和落实新课标就是要通过具体的、有创意的题例,去引导孩子联系生活实际学习,从而提升孩子解决问题的能力。

第四章　灵犀点通

　　领悟数学的本质,达到灵犀一"点"通的境界,是数学学习的本质追求。围绕数学问题互动交流,会点通数理玄机,取得一通百通的奇效。就如同把磁铁放进杂物堆里一样,那些金属散块很快会被磁化形成磁场,以最快的速度吸附磁铁的身上。小学生的思维发展需要这样一种灵犀点通的心理磁场。

第 73 问

从改编这道习题过程中能看到哪些
思维发展的"飞跃"？

基因改造可以带来生物发展的飞跃。一道习题的成功改编，或许也能带来你意想不到的思维发展的"飞跃"。因为数学知识的理解和掌握，除了经历数学知识的形成过程、探究数学问题的前因后果外，更多的还需要行之有效的习题来保证和检验学习的效果。一道成功的改编习题在目标设定、形式呈现及孩子思维发展水平上承载着多重功能，尤其是对孩子思维发展水平的检测。

我们如何通过分析改编一道习题的过程，来评价孩子思维发展的程度呢？

下面，我们以青岛版教材中五年级学习长方体的表面积这一知识时的两道习题为例，来进行说明。

① 量一量《新华字典》的长、宽、高分别是多少，然后算出它的表面积。

② 如果用纸把 2 本《新华字典》包起来，有几种包法？哪种包法最省纸？

教材中这道习题的目标是考查孩子对长方体表面积公式的实际应用情况。孩子动手操作，通过测量得到长、宽、高的数据，再根据数据借助字典演示，找寻包装纸面积最小的方法。实际上，第一问为第二问最省纸的包装方法做好了数据准备。孩子只需经历"动手测量—选择公式—代入计算—比较大小"的过程即可得到答案，这样的设计可以检测孩子是否掌握了长方体表面积公式、是否会根据测量的数据计算表面积、是否会比较大小、是否能有序找出所有包

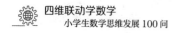

装方法。考查的知识点确实不少,但仅限于解决了问题而已,对孩子空间观念的培养是否有很大的作用呢?

为了最大程度地利用这道习题促进孩子空间观念的发展,我们进行了如下改编:

① 仔细观察,想象一下,如果用纸把 2 本《新华字典》包起来,有几种包法?哪种包法最省纸?

② 量一量,算一算,验证一下你的想法是否正确。

这里首先将两个问题进行了调整。提示先"仔细观察",是为了培养孩子的观察能力、量感和几何直观能力。孩子在观察中可以发现长、宽、高哪一个更长,哪一个更短,比较出长、宽、高的大小关系。由问题"哪种包法最省纸?"出发,要想解决这个问题,首先思考具体要包哪几个面才能用料最少,或者换个角度思考,和原来 2 本字典分别包装所用的包装纸面积来比,如何叠放 2 本字典,可以使减少的面积最大。

不测量、没有数据,无法通过计算解决这个问题,就必然促使孩子通过观察字典的长、宽、高的大小关系,借助空间想象来思考解决。而这个思考的过程就是孩子逻辑推理的过程,更是发展孩子空间观念和推理能力的重要途径。通过这道题的改编,为孩子空间观念的发展提供了可能。

第二个问题测量和计算既可以作为检验思考过程和结果准确性的方法,达到计算公式的实际应用目标。同时,又可以帮助空间观念不够强的孩子,建立起空间观念。

再比如,四年级学习长方形面积时,教材中有这样一道习题(图 4-1):

一个长方形花坛,长10米,宽5米。要扩建花坛,长不变,宽增加3米。
(1)现在花坛的面积是多少平方米?
(2)花坛面积增加了多少平方米?

图 4-1

这道习题第一问显然是为了给第二问做个铺垫,先求出原来花坛和现在花坛的面积,再求增加的面积。看起来是为解决最终问题做了第一步的准备工作,但从另一个角度来说,给出第一问,是不是会限制孩子的思维方式呢?要求面积增加了多少,只能用扩建后的面积减去原来的面积吗?还有没有其他的途径来思考解决呢?有没有可能直接求出增加的面积呢?带着这样的思考,我们画个图来分析一下。如图 4-1,长不变,宽增加 3 米,增加的面积可以看作一个长 10 米、宽 3 米的长方形面积,利用长方形面积公式,直接用 10 × 3 就可以求出增加的面积了。

基于以上分析,为了给孩子提供更广阔的思维空间,发展几何直观,提升数学思维水平,我们改编这道题,去掉了第一问,直接求面积增加多少。

如此改编之后,两种方法可能都会有,但比较之后,孩子们会自觉优化方法,实现思维的提升。去掉第一问,为孩子思维方式的发展扫除了不必要的障碍,更有利于孩子多角度、高站位地进行思考,从而提高孩子分析问题和解决问题的能力。

由此可见,习题的设计目的不仅仅是对基本知识和方法的检测,更是对孩子思维方式和维度的训练,对严谨的思维习惯的培养,对思维能力、批判意识的考验。我们在教学时可以尝试着将多道习题进行整合改编或根据孩子思维检测的目标进行创编,减少孩子单目标的习题"量"的训练,让习题更有效,习题也可以提质减负。

第 **74** 问

如何让孩子学会"问"？

学会"问"是孩子进步的阶梯。孩子自主地发现问题、提出问题的过程，本身就是探索知识发展思维的过程。有的家长和老师在数学教育中比较注重让孩子分析问题和解决问题，而往往忽视了发现问题和提出问题的能力训练。课堂上更多的是老师问，孩子答，问什么老师说了算，长此以往，孩子就会不敢问、不会问、无疑可问，处于一种被动的、表层的学习状态。

为什么 0.01 表示的是百分之一？为什么小数点右边的小数部分只读数字？为什么在百分位上写 1？如此种种，能把这些问题提出来，恰恰表明孩子对数学新知识的一种追求。孩子提出的这些问题，如果不能引导去深究，就意味着让孩子失去了深度学习、积极思考、培养创新能力的机会。那么如何让孩子学会"问"呢？

1. 营造敢于"发问"的环境

有的孩子不爱"问"，不是没有问题可"问"，而是不敢去"问"。尤其是在课堂上，面对老师和很多同学，孩子害怕问错、被讥笑。为此，要让孩子敢问，就要给孩子创造安全的"发问"环境，使其敢提出自己的疑问。当孩子提问时，要为他们喝彩："问得好！"或者示弱说："我怎么没想到这一点。"即使提的问题有点"怪"，也不应责怪，要让孩子能够"自由地表达自己的想法"，发表自己的见解，培育孩子敢于质疑、敢于发问的精神。在课堂上要给孩子留下足够的提问时间,让孩子提问成为课堂新样态。有时老师想问的问题,也尽量让孩子"问"出来,毕竟孩子问的才是他们真正想学习的。比如,对年、月、日的认识,孩子提出:"为什么大月是这些月？为什么小月是那些月？为什么7月和8月是连续的大月？"孩子敢于挑战"常识",把这3个问题弄明白了,知识也就真正学明白了,而不是死板地"记忆"。这样才能让孩子在"问"中提升学习能力。

2. 创设适合"发问"的机会

花点心思给孩子创设适合的"发问"机会也很重要。孩子们"问"的机会多了,久而久之也就会问了。要根据孩子的年龄特点和不同的教学内容,灵活地引领孩子进入"问"的情境中。如学习了平行四边形后,引出平行四边形停车场的情境,孩子发问:"为什么很多停车位设计成平行四边形？"这是孩子对生活情境的"发问";当孩子知道了平行四边形的车位是为了科学地安排、节约场地及方便进出的道理后,对生活与数学联系的认识又前进了一步。学习了保留一位小数后,精心设计这一道题"2.04 ≈ 2.0",孩子发问:"0可以去掉吗？它有用吗？"这是触碰精确度的"发问"。只要我们巧妙地去创设,让这些问题从孩子口中"发问"出来,那么,孩子去追求"真相"的过程就转化为关联自我的认识结构,丰富自我的知识体系的过程。

3. 调动积极"发问"的兴趣

孩子会在哪里发问,应该在哪里发问,这需要老师深研知识产生的原理与关联,自己精心设置问题情境,从而激发孩子积极的、自我"发问"的兴趣。比如在学习闰年时,孩子学明白了"每4年一闰"的道理后,可以设置一个好玩的游戏活动,让孩子判断哪些年是闰年。当孩子处于兴奋地玩游戏情境时,如果突然问:"有的整百年能被4整除,怎么不是闰年了？"这突然的冲突,一下让孩子产生强烈的自我"发问"兴趣,这到底是怎么回事呢？孩子就会主动地提出疑问,追寻背后的道理。

4. 形成相互"发问"的氛围

课堂上要关注孩子的表现,学会观察孩子,根据课堂的生成,随时准备停下让孩子提出自己的疑惑。如学习乘法的认识的时候,有的孩子就提出:"为什么要学习乘法,加法用起来也挺好的呀？"如果孩子心中存在这个疑问,就难

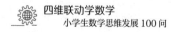

以真正理解"乘法的意义"。为解开这个疑问,就可以引导孩子相互"发问",讨论加法和乘法的联系及区别,在这个"发问"的辩论中逐渐明晰乘法的意义就是求相同加数的和,但乘法在算式表达上比加法简洁。再如计算"$1+2+3+4+5+6+7+8+9=$"时,有的孩子用"凑十法",有的孩子列出算式 5×9,有的孩子按部就班计算。遇到这些问题就可以让孩子互相"发问",相互研究计算方法,互相验证,感受到数学计算方法的灵活性及多样性。

"跳一跳,摘果子",我们要努力促使孩子从"实际发展水平"向"潜在发展水平"不断转化,使新旧知识发生相互作用,产生有机联系的认识结构,激起孩子的问题意识,最大限度地激活孩子的思维,完成知识的深度学习。

第 75 问

为什么要重视数学"说"的作业?

妈妈:今天数学作业是什么?

孩子:讲书上的一道题,没有作业!

妈妈:哦! 那你自己看看书复习一下吧!

这一幕在你们家发生过吗? 你是不是把"做作业"等同于"写作业"了? 老师没有布置"写"的作业,有的家长就认为没有作业,或者让孩子自己说一遍、走一遍形式了事。没有听众评价孩子说得怎么样,久而久之,孩子也会把"说"的作业等同于"无作业"。

现在学校的作业,不再是追求作业的布置数量,而是日益关注作业的设计,尝试开发多样化的作业形式,很多时候老师会布置"说"的作业,如果家长不重视,就可能错失锻炼孩子数学思维的机会。因此,应重视"说"的作业。

1. "说"好作业有利作业习惯养成

一、二年级是习惯养成的最佳阶段,其中作业习惯的培养尤其重要。一、二年级没有书面作业,更多的作业可能就是"说"的作业,而且"说"的作业往往是最难反馈的。老师很难做到百分之百地全面反馈,如果孩子不自觉完成"说"的作业,良好的作业习惯养成就无从谈起。等到三年级开始布置书面作业了,作业习惯的影响也就暴露出来了,孩子数学学习的三年级"分水岭"现象,也会因为作业形式的改变而更加明显。

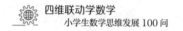
2."说"好作业有利数学思维的训练

数学学习的终极目标是培养孩子"会用数学的眼光观察现实世界、会用数学的思维思考现实世界、会用数学的语言表达现实世界"。大量"写作业"练习,的确可以增强孩子基础知识和基本技能的熟练度,但如果稍转换一下问题的情境,增加题目的阅读量,孩子就可能会"发懵"。究其原因,我们会发现,孩子并没有真正理解知识,而只是在机械式地训练。因此,有时候孩子笔算已经比较熟练了,而如果试题考查的是算理,很多孩子就无从下笔。如这道题(图4-2):

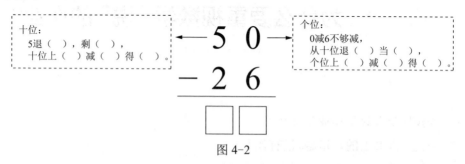

十位:
5退( ),剩( ),
十位上( )减( )得( )。

个位:
0减6不够减,
从十位退( )当( ),
个位上( )减( )得( )。

$$5\ 0$$
$$-2\ 6$$

图 4-2

"50 - 26",仅做竖式计算,孩子都没有问题,但形式稍微一变化,查验孩子"50 - 26"计算的过程及计算的道理(算理),个位上、十位上都是怎么算的,部分孩子就"算"不清了。

而"说"的作业,就需要孩子把脑海中对知识的"理解"外显出来,用有条理、有逻辑的语言"说"出来。这样我们就可以了解孩子对这个知识点掌握的程度,也就知道应该怎样有针对性地帮助孩子了。

3."说"好作业有利培育孩子课堂答问的底气

在数学课堂上往往有这样的现象:一、二年级孩子不怕举手,数学课上特别活跃;三、四年级举手的开始减少,需要老师有意识地调动;五、六年级孩子不愿意举手回答问题,老师调动也很难,举手也往往集中在几个孩子身上。孩子在课堂不积极地举手,是因为平时训练不够,心里没有会"说"的底气。但是,有的老师的课堂就没有这种现象。当我们去深研这个班的时候,就会发现,孩子的数学表达特别好,孩子爱说。原因就是所在班的老师平时重视"说"数学,所以孩子一直有话说、会说话。

4."说"好作业说着说着爱上数学

放下笔,孩子可以大声"说"数学,说着说着就会做了,原来数学一说起来就没有那么难了。甚至我们可以"演着说",你也说,我也说,说着说着变成了辩论赛,辩着辩着数学就学明白了。通过多种方式地说,孩子们可以感受数学的生命力,数学可以大声说出来,"说"带动了孩子"学"的热情,说着说着孩子也爱上了数学。

因此,要重视"说"的作业,低年级趁着孩子"敢说"时,教孩子"会说",中、高年级不断训练,孩子就会"爱说",就愿意成为数学课的"主角",自觉地"抢着说"。

第 **76** 问

如何让孩子快乐口算"点点通"？

男孩：又要做口算！

女孩：天天写口算，真没意思！

孩子每天面对一堆乏味的数字，既要迅速，还要正确，对有的孩子来说确实是件又烦又苦恼的事！如何让孩子在快乐中完成口算训练呢？有效的办法很多，以下的三个方面可以试试，帮助孩子找到快乐口算"点点通"。

1. 激励中找"兴奋点"

人处在一种兴奋状态的时候，情绪是最高涨的，做事情也会格外地高效。

孩子们做比较乏味的口算题时，我们要注重调动他们的"兴奋点"。因为孩子每天都要做口算卡，确实比较单调和无聊，有时会出现消极的情绪和思维，容易出错，而家长着急提高孩子的成绩，孩子稍微犯一点错，就忍不住教训孩子。一被批评，孩子一紧张就更容易出错。

孩子口算的兴奋点，是要靠及时发现孩子在口算中的优点和长处，给予有效的、有针对性的鼓励，才能激发出来。因此发现孩子状态不佳的时候，我们不能一味地批评，应寻找办法去激励他们。比如，口算做对了但超过了规定的时限时，应鼓励孩子说："虽慢了一点，但每道题都做对了，非常棒！"为激励孩子下一步提高速度而加油鼓劲。孩子口算题做错了的时候，要配合孩子做好纠正练习，当孩子跟上来的时候，就要立即表扬、夸奖、鼓励。孩子如果口算达标，必要的时候要给一些小小的奖励,让孩子能坚持并且喜欢上口算。

2. 游戏中找"趣味点"

单调枯燥是进行口算训练面临的现实问题,要注入"趣味性"才能让孩子快乐地学习。我们的口算不应单单是坐在课桌前面进行书写,采取多样化的口算形式可以提高孩子计算兴趣,同时也锻炼孩子的数学思维。数学小游戏就是更好帮助孩子练习和巩固口算的有效方法。

(1) 玩 24 点游戏

"巧算 24 点"能极大限度地调动孩子多种感官的协调活动,对于培养孩子心算能力和反应能力都有很大帮助。这种游戏不仅能帮助数学成绩较差的孩子提高数学成绩,还能培养他们学习数学的兴趣。(图 4-3)

24点游戏

=24

图 4-3

(2) 打扑克牌

可以让孩子和家长一起进行,通过将自己手中扑克牌的数经过加、减、乘、除后,得出最上面的数。这种游戏,既可以锻炼孩子的计算能力,又加强了亲子互动。(图 4-4)

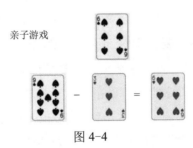

亲子游戏

图 4-4

(3) 找配对

准备口算题卡,题目是一种物品,答案是另一种物品,找到相应算式,将它们配对成功。(图 4-5)

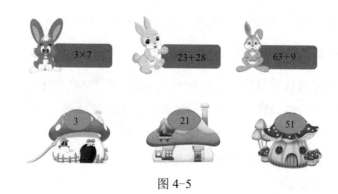

图 4-5

3. 生活中找"契合点"

数学知识来源于生活，应用于生活。我们的日常生活是丰富多彩的，可以随时随地找到口算训练的"契合点"，让孩子在实际生活中发现和提出有意义的数学问题，并利用口算将其解决。同时，结合不同学段的课程要求，有意识地培养口算能力，孩子们的数学思维能力也会随之提高。

例如，日常购物时可以让孩子实际体验口算在日常生活中的运用。去超市购物时，可以把结账工作交给孩子，解决实际生活问题，让孩子来当家。

再如，日常乘地铁或者公交车时，可以通过数站点和每站大约的用时，计算到站的时间。

计算是形成数感的基础技能，同时也是形成运算能力的主要技能。小学阶段的数学学习，近百分之七十的时间都要用在计算上，口算计算能力的培养是小学整个六年都需要坚持的。《义务教育数学课程标准（2022 年版）》中关于数感的描述为"数感主要是指对于数与数量、数量关系及运算结果的直观感悟"，关于运算能力的描述为"运算能力主要是指根据法则和运算律进行正确运算的能力"。良好的口算能力可以帮助孩子形成数感，能够在真实的情境中进行合理的估算，给解决问题提供一种策略，也为后续解题策略提供了思路。孩子自然会觉得题目简单，同时也增强了学习数学的自信心。因此，老师和家长必须重视孩子的口算训练。

第 77 问

你懂得数学计算中"估算"的特有价值吗?

估算,顾名思义就是一种大概的、不求精确的计算方式,是对运算的过程和计算的结果进行的一种粗略的估计。它在生活实际中经常使用。但是,估算具有"不准确"的属性,很容易导致"估算"的边沿化。有的老师在估算教学上不注重下气力,即使在课堂教学中有所涉及,也往往是匆匆带过。而对于家长而言,也因为不太了解其重要价值,往往忽略了估算。其实这是一个很大的误区,非常不利于孩子数学思维的形成和发展,必须引起重视。

1. 应让孩子懂得"估算"在生活中的价值

在生活中,提高估算能力很有必要。曾经有学者做过统计,在我们的日常生活当中,粗略估算的机会远比精确计算的机会多。平时,我们小到检查商场购物小票对不对、外出旅游带的钱够不够,大到城市流动人口多少、需要增加多少物资供应,都需要估算一下。由此可见,估算与生活紧密相连,无处不在。再看我们的小学数学教育的课程内容,也对估算提出了明确要求,比如,要选择合适的单位进行简单估算,要选择合适的方法进行估算。所以说,对于解决生活中的问题,估算具有独到的数学价值。

2. 应让孩子理解"估算"本质在"估"而不在"算"

估算不像准确计算那样,有了明确的方法就能算出准确无误的答案。估算是孩子们基于"数感"对数学计算结论的一个大概判断。如果我们想让孩子在应用时能想到、用到估算或概算，就应该在平时对"估算"有一个正确的引导和渗透。要让孩子明确："估算"与"计算"是紧密相连的，但是它本质不在"算"，而在于"估"。它是凭已经拥有的条件和相关的知识，对一个数量或结果作出大概的推断和分析。或者推算最大值，或者推算最小值，或者推算大约数，以至于把一个比较复杂的计算变成可以口算的简单计算，所以它允许与现实有差距，并不必然要求接近准确值，它得到的是一个近似值。

比如，估算 26×34，它的最大值是多少？按照原题的最大整十数算，最大值应是 $30 \times 40 = 1200$；如果按最小值整十数算，应是 $20 \times 30 = 600$；如果用四舍五入法取接近的数值计算，大约是 $30 \times 30 = 900$。这就是一种"估"，而不是"算"。

3. 要为孩子的"估算"，提供渗透的土壤

以青岛版一年级下册教材中的一道数学题为例：

下面哪些算式的得数比 40 大？在□里画"√"。

$28 + 20$ □　　　　　$42 - 6$ □　　　　　$80 - 42$ □

$18 + 20$ □　　　　　$46 - 2$ □　　　　　$80 - 32$ □

对这些题目，有的孩子会准确计算后再判断；有的孩子则凭着"感觉"就可以选出来。这种感觉他们可能表达得不是很清楚，但这个"感觉"却能使孩子产生想了解其中的神秘之处的兴致。你看，可以不用算就能得出答案，多好！如果弄通了其中的道理，这时候再出一个题目 $42 - 6$，让他们估算，孩子一看题目就会知道，个位的 2 不够减，需要从 40 里借出"10"来。所以这时孩子一估算，就会判断出得数是 30 多，不会小于 30，也不会大于 40。

其实这就是很好的培育估算的土壤，在粗略地计算判断过程中，估算的"种子"就种下了，孩子就会顺理成章进入估算的状态。

4. 要教给孩子"估算"的方法

一年级的土壤找的好，种子种下去了，就为二年级以上的孩子学会估算提供了基础条件。但这还不够，还要教给孩子一些估算的方法。

(1) 以图例培养估算能力

请用以下图例，让孩子估算一下这块地上种多少小白菜。（图 4-6）

估一估，这块地一共能种多少棵小白菜？你想怎么估？

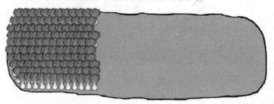

图 4-6

如果引导孩子学会了估算的方法，一眼就可看到，图中已经种上的白菜大约有 120 棵，这块地大约有这样的 3 份，那么估算一下，这块地大概能种 360 棵左右。

（2）以计算培养估算能力

孩子有了数的估计经验和技能之后，就可以在计算的时候将估计进行迁移运用，变成检查计算的一种辅助手段。四舍五入取整法，是运用最广泛的估算方法，就是把数看成比较接近的整十、整百或整千数的计算方法，如 103 + 96 大约是 200，有了计算中的估计，孩子就可避免看错符号这类的很多计算错误。

（3）多角度培养估算能力

有了估算意识后，很多场景都可以培养孩子的估算技能。比如结合量的培养，在选择合适的单位填空时，一般来说估计高楼的高度是以"米"为单位，估计书本的长度是以"厘米"为单位。除了经验，还可以用身上的小尺子去估测一下，如"步长""拃"。还可以选择一个熟悉的物体长度作参照，进行对比估算。

（4）体验游戏培养估算能力

估算能力的培养还可通过亲身体验，如在学习质量时，让孩子掂重，争夺"估重小能手"；随手抓一把豆子，让孩子估计有多少颗，争夺"估数小能手"；设计一些开放的生活体验题目，"100 元可以买哪几样物品"，争夺"采购小能手"；还有误差中的估计；等等。

第 78 问

孩子自查作业防止出错的六个 "要点"是什么?

孩子做作业的时候是否遇到这样的情况:题会做,但做错,检查时还没有发现。老师发下作业本后,孩子自己一看,一脸惋惜,"怎么又错了!"后悔不已。

那么,为何会出现没有检查出来错误的情况呢?原因就在于检查的方法出了问题。只有掌握检查数学题的科学好方法,才能做到把出错率降到最低。想要让孩子养成良好的自查习惯,就要从日常每一天做起,从检查作业每一个项目入手。我们检查作业的办法很多,其中六个"要点"是应该把握的。

1. "促一促",启发孩子自我检查作业的主动性

现在有的孩子之所以不会自我检查作业,是因为很多时候由家长代劳了。家长代孩子检查作业,不给孩子自我检查作业的机会和权利,孩子用不着自我检查。要让孩子学会自我检查作业,首先要把检查作业的权利还给孩子。开始的时候可能孩子不会检查,家长可以帮助和督促孩子,循序渐进地去完成检查作业的过程。比如,家长可以先看看孩子的作业,发现孩子在哪一处上有错误,就给孩子划一个区域,明确告诉孩子这个区域有一处错误,让孩子找这个"碴儿"。这就变成一个"找碴儿游戏",让孩子找出一次"碴儿"来,然后慢慢地把这个范围扩大,最后告诉孩子所有的作业有那么一处错误或者两处错误,让孩子去"找碴儿"。从"找碴儿游戏"开始,逐步放手,训练孩子细致检查作业的

能力。

2. "点一点",注意检查全部作业的完整性

做作业"漏题"是孩子常出现的问题。有时候孩子做题的时候,因为一时解答不出来,或者做了一半遇到阻力,想暂时放一放,等其他题目做完了回过头来再做,但做完后却忘记了回头补做。所以引导孩子检查作业的完整性,是重要的第一步。孩子可首先对照自己的记作业本,点点数目,一项一项地看自己的作业是不是都做了。

3. "看一看",运算符号使用的精准性

很多时候孩子作业错误就出在细处的粗心上。检查作业,就要注意检查数字、运算符号有没有看错或写错等细处。比如,把"6"抄成了"0",把"7"抄成了"1",把"8"抄成了"3",或把"1057"抄成了"1075",这些都会导致列式计算的错误,需要对照信息先检查算式有没有抄错数,再通过分析题中数量关系来看算式是不是列对了,在计算时有无把"÷"看成"＋",把"＋"看成"×"等情况。

4. "对一对",使用单位名称的统一性

在解决问题中,单位名称不同,是不能相加或相减的;相同单位名称相加或相减,在运算的结果上单位名称是不能改变的。检查作业时特别要注意原题中同一类数量单位名称是否一致。同时关注最后结果是否写了单位名称,是否写正确。

5. "比一比",避免数学概念的混淆

孩子在做题的时候概念不清,题目的类别混淆也是出错的原因,在检查作业时要让孩子特别关注。如概念题分为填空、选择、判断三种题型,也就是我们常说的基础题,考查知识范围广,想百分之百做对也比较难。孩子要知道并记住概念是什么,理解并灵活应用概念来填空、选择、判断。所以在时间允许的前提下,最好逐题检验。检查时要在草稿纸上写出思路,比一比,做出选择。需要计算的地方要反复计算。选择题可以用排除法、代入计算法进行验算,把所选的答案代入题中计算,判断是否正确。检查判断题时如果是对的,要写出根据;

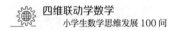
如果是错的,要举出反例来说明它是错的。

以下面的一道判断题为例:

比 0.6 大比 0.7 小的小数有 9 个(　　　　)。

检查时可进行如下分析:

这道题是错的。比 0.6 大,比 0.7 小的小数除了 0.61、0.62、0.63、0.64、0.65、0.66、0.67、0.68、0.69 这 9 个一位小数,还有两位小数、三位小数等有无数个,这句话表述不严谨,我们只要分析清楚这道题的错误点,举出反例,是对是错一目了然。

6. "验一验",判断答案的正确性

在检查计算题的时候,判断其正确与否最好的办法是"从头再来"做一遍。有的孩子可能喜欢盖住答案,重新算一遍;有的孩子喜欢用逆运算,加与减、乘与除互为逆运算,用逆运算反过来再计算一下,看结果与题目是否相符,也就是通常说的"验算"。解决问题即可以用"一题多解"来检查,也可以用多种方法来共同验证一个答案是否正确,这种检查方法不但能准确地检验计算结果是否正确,还能提高分析问题的能力;还可以把问题当成已知的信息,看看这个信息是不是可以和题目中的其他信息建立一个正确的数量关系。

第 79 问

为什么说学会"分类"是孩子逻辑思维发展的起点?

有的老师和家长,还没有将"分类"提高到孩子"逻辑思维发展的起点"这样一个高度来认识和对待。这对孩子的思维形成和发展是不利的。

分类是非常重要的数学思想,无论是数与代数、图形与几何领域,还是统计与概率领域,都处处体现着分类思想。它的内涵就是根据某一类对象的共同点和差异点将其区分为不同种类别的逻辑方法。分类,既是一种数学意识的状态表达,又是每一个孩子逻辑思维形成和发展的必由之路。因此,应把握以下几点。

1. 把握孩子思维的阶段性特征,从"现象"开始分类

《义务教育课程标准(2022年版)》对小学阶段提出了明确的要求,要让孩子能够感知各种几何图形及其组成元素,依据图形的特征进行分类;要经历简单的分类过程,能根据给定的标准进行分类,形成初步的数据意识;要能辨认物体和简单图形的形状,会简单的分类;要能用语言简单描述分类的过程,感知事物的共性和差异,形成初步的数据意识。这些就是孩子在小学阶段学习"分类"应该掌握的基本知识与目标。

"分类"实际上包括现象分类和本质分类,其中小学阶段重点是"现象分类"。因为,孩子思维形成与发展的过程都是从"现象分类"开始的。可从孩子生活情境的表象开始学习,例如,在整理房间时,引导孩子将被子、衣服、学习

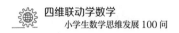

用品、书等物品分类,使房间变得整洁,养成分类的习惯。进而让孩子懂得每一种"分类"必须遵循一个统一的标准;必须按一定的规范进行,使大量复杂的材料条理化、系统化,以便为下一步本质分类奠定基础。

2.把握螺旋上升的规律,在循序渐进中"分类"

实际上,孩子在不同的年级对"分类"知识的学习和掌握,都有不同的接触与了解,而且是螺旋式上升的,是遵循一定的思维发展规律的,例如:一年级主要是分类与比较、分积木等"统计";二年级主要是角的初步认识、分类列举、分类统计;四年级主要是平行与相交、三角形的分类。但是,不论哪个年龄段,我们要达到的目标都是一致的,都是要逐步提高孩子的逻辑思维能力。那么,在小学阶段,孩子对"分类"知识的掌握应到什么程度呢?重点在两个方面。

第一,产生分类意识。所谓分类意识,就是当孩子遇到复杂问题的时候,能够主动想到对物体进行分类整理,使杂乱无章的事物变得规整起来。

第二,具有分类能力。分类能力最主要体现在能够确定分类标准,感悟分类标准与事物、数据信息之间的关联,设计相应的分类方案。(图4-7)

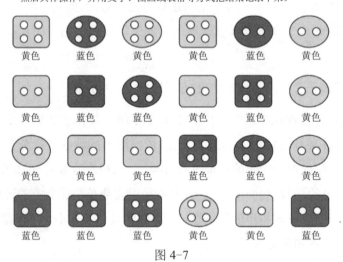

如下图,桌上散落着一些扣子,请把这些扣子分类。想一想:应当如何确定分类标准?根据分类标准,可以把这些扣子分成几类?然后具体操作,并用文字、图画或表格等方式把结果记录下来。

图4-7

我们既可以按照颜色分,也可以按照形状分,还可以按照小孔的个数分。还可以逐层分类,先按照颜色分,在这一基础上再继续分类;再按照形状分,在这一基础上再继续分类等。确定多元化的分类标准进行分类,培养孩子的分类能力。

3. 把握逻辑的语言表达,在促进思维形成中"分类"

数学的"分类"和其他数理一样,表达是数学学习的最高境界。完成分类以后,可以让孩子对分类结果进行语言表述。例如,当孩子看到纽扣时,他们可能会有以下表述方式:

这一类是黄色的纽扣。

这一类是正方形的纽扣。

这一类是四孔的纽扣。

这一类是黄色的、正方形的纽扣。

这一类是黄色的、正方形的四孔纽扣。

这几种表述方式的思维水平是不一样的。前三种只能用到一种分类标准,第四种用到了两种分类标准,第五种竟然用到了三种分类标准。显然,最后一种数学表达的思维水平更高一些。所以数学表达的背后还蕴含着孩子对事物的理解是不是多元的、全面的、深刻的。

分类能力的发展反映了孩子思维的发展,特别是概括能力的发展水平,同时,又对促进孩子逻辑思维能力的发展起到重要作用。所以在教授分类思想时,我们要关注分类意识与能力的培养,更要注重数学语言的表达,让学习更深入。

第 **80** 问

如何教孩子把握数学计算的"发力点"？

　　有一句数学戏言叫作"得计算者得数学天下"。说的是计算功力在数学中的地位,这其中不无几分道理。数学计算训练如同舞蹈基本功训练,需要天天练。新学期备上一本"口算天天练"也成了家长给孩子添置的必备"装备"。但是有了这个装备,是否就能把握计算练习的规律,达到事半功倍的目的呢？其实还真不是那么简单。

　　有的家长常常会有这样的苦恼,孩子的计算练习真没少做,除了老师在学校练的,在家还给孩子加量,几乎天天练,但效果总是不尽如人意。原因在哪里？就在于没有把握好计算练习的"发力点"。

　　这个计算的"发力点"在哪里？其实就在 20 以内的"加减法"及"乘法口诀"的训练。孩子 20 以内的计算速度和正确率,在很大程度上决定着小学阶段孩子实际的计算能力。现在有的家长急功近利,以为自己的孩子聪明,20 以内的计算很简单,用不着用心去强化"简单"的训练,平时只是均匀地在各个计算"数段"下力气训练。殊不知,任何事情都有一个循序渐进、由量变引起质变的过程。我们需要特别加强 20 以内这个"数段"计算训练,不断地积累量变,逐步产生质变。

　　为什么这样说呢？我们以下面的例子来探寻小学阶段主要的计算部分。

1. 加减法

不管是小数加减法还是整数多位数加减法,其实它们的算法是"雷同"的:把计算"分解"到每一个数位,按照数位顺序从低位到高位依次计算,每一个数位上就是算 20 以内的加减法。(图 4-8)

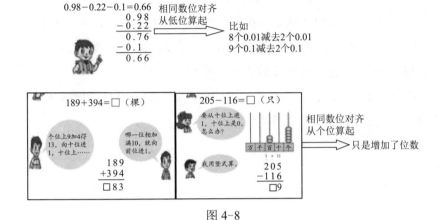

图 4-8

2. 乘除法

不管是小数乘除法还是整数多位数的乘除法,就和加减法一样,它们的算法也是"雷同"的:把计算"分解"到每一个数位,按照数位顺序依次计算,每一个数位上就是表内乘法。(图 4-9)

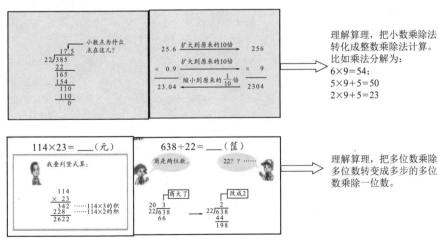

图 4-9

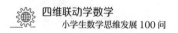

　　我们这样纵向分析看过来,随着年级的增加,计算的确在变复杂,可能变成了小数,可能变成了复杂的多位数,还可能变成百分数及分数,但如果我们理解了算理,就会豁然开朗,发现它们只是变成了"多步",但其实分解到每一步上原来就是最基本的 20 以内的加减法及乘法口诀。

　　看明白了计算的脉络,我们就自然清楚了计算的"发力点"了,那就是在中、低年级的时候,我们必须要让孩子熟练 20 以内加减法及乘法口诀,甚至达到形成"记忆"的程度,而其他部分的计算,要关注计算规则的理解,要会"分解"到每一步上去,也就是计算的道理要能"讲明白"。

　　你如果做到了这两点,一是计算规则的理解,二是 20 以内加减法及乘法口诀的熟练,计算小能手一定是你!

第 81 问

如何帮孩子顺利迈过"三年级分水岭"这道坎?

有人说,三年级数学是很多孩子的一道坎,和一、二年级有明显的差别。所以孩子上了三年级后,家长该怎么办?

我们经过调查发现,如同以上家长和孩子反映的情况,三年级孩子的数学确实有一个分水岭的现象。

之所以出现和存在这样的差异,主要原因是在这个年级段,知识点难度的提升和变化较大。与一、二年级相比,从三年级开始,综合性知识明显变得复杂。例如,三年级就在整数的基础上,又增加了分数和小数,运算也将单纯的加、减、乘、除混合在一起,步骤开始多了,种类也多了。这些知识的变化无疑会给部分孩子带来学习的落差。

比如,思维能力的差异。有的孩子可能还停留在低年级时老师提什么问题,就回答什么问题的阶段,思维层面是比较单一的。但是到了三年级,知识点的扩大和深化要求孩子能够根据学习素材,提取信息并且进行分析、解决问题,这就需要孩子具有一个较高的思维层次。如果思维跟不上,就可能造成学习成绩下滑。

再比如,学习习惯的差异,像作业习惯的差异。低年级老师经常会布置一些口头作业或者是一些动手操作的作业。在这种情况下,常常出现两种结果,一种是孩子会认为做作业等同于写作业,非常认真地完成;而另一些孩子则认

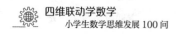
为这不是作业，不必认真地对待和完成。

长此以往，那些非常认真完成作业的孩子，等到三年级作业的形式发生变化之后，对他们的影响也不大，因为他们已经形成做作业的习惯。而对那些前两年没有养成良好习惯的孩子，差异就会拉大。

另外，口算、计算上的差异对孩子的影响也很大。等到三年级的时候，这种差异也会放大。

那么，我们应该怎样面对这些情况呢？

我们要根据不同的差异现象，树立有针对性的"衔接观"。要承认孩子们学习的差异性，而且差异不是在三年级突然出现的，是在前面学期的学习过程中逐步积累形成的。因此要迈过"分水岭"这道坎，就应在"衔接"上下功夫，最主要的是要树立四个"衔接观"。

1. 知识的衔接

第一个衔接是知识的衔接。不管是教几年级，老师都应该将每堂课、每一个知识点都放在整个知识体系当中去思考，备课中重视关注两个点，即知识的生长点和延伸点，学新温故。

2. 作业布置与反馈的衔接

第二个衔接是将作业布置和作业评价反馈相衔接。特别是非书面作业，比如说今天布置的是非书面作业，那么第二天就一定要给孩子一个展示的平台，可以用小讲师、学习小组等形式来进行生生互评，达成全员反馈。

3. 课内、外的衔接

第三个衔接是课内、课外的衔接。课堂上的要求在作业中应贯彻到底。比如课堂上边摆边说算理，课后作业就要有这方面的要求。

4. 个性化衔接

第四个衔接是个性化的衔接。因为每一个孩子在学习基础、思维能力等方面都是有差异的，应该建立畅通的"家校沟通"渠道，及时精准地找到孩子的差异，因人、因材施教。

第 82 问

你知道"转化"对孩子"解题释结"有多重要吗？

"转化思想"是一种重要的解题思想，也是一种最基本的思维策略。但有的教师并不真正理解它对孩子们解题的重要性，缺乏有效的训练，导致一些数学题中的"结"很难解开。

1. 转化对解题有一种特殊的魔力

转化思想就是将未知的、难以解决的问题，通过观察、联想、分析、类比等思维过程，从中选择出恰当的方法和策略进行"转化"，划归到你已知的知识范围，或你曾经经历过的解决问题的方式中，从而帮你轻易地解决所面临的难题。

在实践中应让孩子学会转化。当遇到一个题目的时候，孩子要自觉地想到转化思想。如果能够通过思想和方法的"转化"来理解和分析题目，就可能将生疏的问题转换成熟悉的问题，将复杂的事项转换成简单的事项，将抽象的概念转化成直观的感觉，将模糊的现象转化成明晰的状态。转化的方法很多，比如，实施直接转化，将基本定理、基本公式、基本图形，迁移到解题中来；实施多元转化，把一个式子转化成另一个或多个式子，实施运算与运算之间的转化，将减去一个数转化为加上这个数的相反数等。

2. 转化要在因题施教中打入"楔子"

转化，作为数学学习的主要思想方法，在课堂上常常被老师提及。但由于

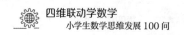
这种思想很抽象,在孩子的脑子里扎根比较难,他们往往一遇到题目就容易忘掉"转化",这就需要从一个一个题目开始,在脑子中打进转化思想的"楔子",只有孩子能在实际解题中成功应用"转化思想",才能在他们的脑中留下"转化"痕迹。而且留下的痕迹越多越深,在实际中应用就越自如。

以下题为例(图4-10):

求图中物体的体积。(单位:厘米)

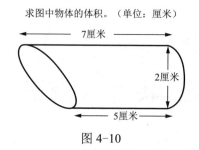

图 4-10

你能主动用转化的方法解决问题吗? 拿到上面的题目,你会不会很迷茫? 这个奇怪的立体图形,怎样求体积呀?

其实这个题目不复杂,如果用上转化思想就比较容易解决。但很多孩子感到无从下手,究其原因,主要有两个方面:

(1) 想不到用转化的策略(没有转化意识)

我们知道将平行四边形剪切、平移就可以转化成长方形;两个完全相等的三角形可以通过旋转、平移拼成平行四边形。可那都是平面图形,而且,课堂上也都是老师或别的同学想到的,自己仅仅接受了这样的结果。上面这道题也可以用转化吗? 这可是三维的立体图形呀。

(2) 想不到转化的具体办法(不具转化能力)

即便我想到了用转化的策略来解决,可是怎样转化呀? 这是要把这个奇怪的图形转化成什么呀? 形不成关联的孩子,脑子里面完全没有画面。

针对以上两点,我们可以采取这样的措施:

增强转化的意识。利用一切可以利用的题目让孩子主动想到转化的方法。

这是六年级教材中的一道题目(图4-11),我们只要认真看图,就能明确题目的意图。将瓶子倒置,并将瓶子不规则的部分转化成了规则的圆柱,它们都是瓶子中空气部分的体积,利用等积转化就可以解决问题。

瓶子里装着一些水（如下图），瓶底面积是0.8平方分米。请你想办法计算瓶子的容积。

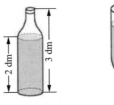

图 4-11

但如此操作的话，问题虽然解决了，孩子们转化的意识还是没有得到培养。

如果我们将此题略加改编，以装部分水的瓶子为研究对象，做一次真实的实践性的探究活动。通过问题引领、讨论交流、操作验证，引领孩子找到这道题目的主要关联，经历想到转化策略、主动测量数据、运用转化方法这样一个完整的过程，将缄默的思想显性出来，这样转化才能逐渐内化，变成孩子自己的本领。

训练对转化的迁移类推能力。如何能将二维图形中转化的思想迁移到三维的立体图形中呢？细致地观察，努力地思考分析，沟通立体图形和平面图形的内在联系，通过类推实现正迁移。这是我们解决每一道陌生题目，产生转化具体策略必需的过程。

回到图 4-10 的题目中，通过观察分析，我们可将此图形与梯形产生关联，联想梯形的面积推导过程，你是不是就豁然开朗了呢？两个完全一样的直角梯形可以转化为长方形，由此类推，用题目中两个完全一样的立体图形是不是就可以拼成一个圆柱呢？想到这儿，困惑也就迎刃而解了。

转化，要持之以恒地自我训练。将转化的方法应用得随心所欲，这是我们所追求的，但这也是一个长期的过程，要有目的、有计划，不断地去训练自己，转化的思想才能慢慢生成，成为取之可用、用之可行的解决问题的主要策略方法。

第 **83** 问

口诀背百遍，其义能自现吗？

网上随便一搜就能找到大量指导背诵乘法口诀的规律和窍门。运用窍门也好，日日诵读也罢，多背、背熟乘法口诀，真的能如古人所说，其义自现吗？没有理解的背诵，死记硬背，孩子会自己理解或悟出乘法的意义和概念吗？

对于刚刚完成一年级学业的小孩子来说，阅读能力有限，乘法口诀仅仅由数字组合成句，无情境，无情绪，义从何来，如何自现？有的只是机械记忆而已。

"机械记忆也好啊！总好过开了学，各个学科一起忙，顾此失彼。提前背过了，是不是就从容很多呢？"有着此想法的家长、老师不在少数，他们站在自己的角度，希望能为孩子开好了路，让孩子顺畅通过。但对于是学习主体的孩子来说，这样真的好吗？

没有理解，死记硬背，这个过程应该不快乐，时间长了，孩子会不会畏难，对数学失去兴趣？

提前都背过了，孩子会不会认为自己不必再学了？本身注意时间短的孩子会不会养成上课开小差、不认真听讲的习惯？

背会了口诀能填空，能算数，孩子会不会认为原来数学就是背背写写？自我意识还不那么完善的孩子会不会学习方法有了偏颇，与发展思维、提高素养的目标渐行渐远？

学习任何一样知识，都需要在理解的基础上进行记忆，"了解、理解、记忆、应用、提升"才是一个循序渐进的过程。乘法口诀表并不是不需要背,孩子理解完每句口诀的含义后,经过创造、编排、内化,这每一步都是对乘法意义的理解和深化,在这样的基础上跟着老师的进度一起背诵就可以了。

时间并不需要花在提前背诵上,在那之前,我们只需要做好孩子的乘法启蒙,多讲讲乘法与加法的联系,渗透加法翻倍和乘法的意义,多给孩子理解、思考的时间,可以让孩子免受机械记忆之苦。

"保持孩子的好奇心和求知欲,培养勇于质疑、敢于探索的科学精神"才是家校联手,共同维护和培养的目标。

第**84**问

口诀怎么"备",才能利于"背"？

上一问题的讨论中,我们提出不支持乘法口诀提前背、机械背,建议通过一定的方式方法,让孩子初步感知乘法与加法的关系,渗透乘法意义。那么,具体用怎样的方法？做哪些准备呢？

我们可以从两方面着手。

1. 数感的加强

(1) 数数

2个2个地数,3个3个地数,5个5个地数,10个10个地数,正着数,反着数……多样的数数方法,可以更大限度地发展孩子的数感,所以,怎么数都不为过。

(2) 数的累加

例如:$7 + 7 = 14, 14 + 7 = 21, 21 + 7 = 28, 28 + 7 = 35; 49 - 7 = 42, 42 - 7 = 35, 35 - 7 = 28$。在练习加减法口算时,可以刻意地进行这样的累加累减,用比比谁最快等竞赛游戏,增加孩子对这些累加数字的感知。

2. 算理的渗透

乘法学习的基础就是加法。我们要做的就是在加法和乘法之间建立关联。

（1）结合实际生活

在生活中引导孩子用数学的眼睛去观察。比如，一家人吃饭时，餐桌上整齐地摆了几双筷子，数数一共有多少根筷子？孩子可能 1 根 1 根地数，可以引导孩子 1 人 1 双，是 2 根。有 6 人，就是有 6 个 2，一共有多少根筷子，就是求 6 个 2 相加是多少。孩子慢慢会发现这种方法比一个一个地数要快得多。再学习乘法时，就会理解使用乘法的必要性，体会到数学的奥妙。

（2）在不同的具体情境下使用

比如：樱桃季，3 位小朋友相约一起去摘樱桃，每人摘了 3 篮，一共摘了多少篮樱桃？边数边算 1 个 3 是 3，2 个 3 是 6，3 个 3 是 9。

小朋友们做游戏，5 个人一组，数一数多少人？1 个 5 是 5 人，2 个 5 有 10 人，3 个 5 是 15 人，4 个 5 有 20 人。

不同的场景下，让孩子去数、去加、去感知，更多的活动经验就会更好地搭建好加法与乘法之间的桥梁，加深孩子的理解。可能有一天，您会发现孩子会看着一首古诗快速用加法计算出古诗的字数呢！这个时候，我们相信，孩子们已经做好了学习乘法的准备了！

第 **85** 问

对于"粗心",我们该做点什么?（一）

　　每一次作业,每一次小的练习,即使是计算题,孩子全部做对的次数也屈指可数。他们不是不会,但总是出一点错。

　　对于"粗心"错误,有些家长本着树大自然直的观念,并不以为意;有些家长如临大敌,一通说教外加十遍二十遍的改错。那么,怎样做才利于培养孩子好的习惯,促进学习进步呢? 对于孩子的错题,我们又该做些什么呢?

　　心理学家桑代克认为:"尝试与错误是学习的基本形式。"在学习的过程中,犯错是在所难免的,所以,我们首先要接受孩子们的错误,允许他们犯错。关键之处在于,要引导他们在错误中反思自己的学习行为,吸取教训,使自己下次不再犯错。

　　小孩子由于年龄比较小,往往会忽视细节,不容易关注一些细节问题,练习中我们会发现许多错误都是雷同的,如数抄错、横式漏写结果、基本的加法口算出错、加法忘了进位、减法忘了退位、加法看成减法、没有看到题目中的关键信息等种种情况。这些错误都是我们通常所说的"粗心",而"粗心"主要有以下几个原因。

1. 情感不稳定引起读题不仔细

　　比如计算,孩子会对枯燥的计算表现得不耐烦,做题时不认真读题、没耐心审题,而这种厌烦的情绪就会导致错误。对于简单的题目,有些孩子又太过于轻心,产生轻敌思想,结果还是会出现莫名其妙的错误。

2. 注意力的不稳定引起看错、抄错、漏做

孩子不容易持久保持注意力,注意范围较小,比较容易被一些干扰因素吸引而"分心",造成很多"遗忘式差错",所以不是不会,而是做题过程中把数字、符号看错、抄错,这种由于注意力的差别引起的错误往往孩子自己很难发现。

3. 不良学习习惯引起的错误

书写马虎、字迹潦草是主要的坏习惯,有些孩子对自己写的"6"和"0""5"和"8"都分不清;竖式计算格式太随意,数位不对齐,不用尺子;盲目相信自己的口算,懒得动笔,省过程;没有检查的意识。

4. 审题不清导致的错误

小学中、高年级,信息变多了,题目变复杂了,孩子就会犯找错数据、找错信息导致的列式错误;没有看到题目的"坑",掉入"坑"中;相似知识混淆了,出现周长当作面积,最大公因数看成最小公倍数等一系列审题错误。

遇到孩子出错,我们应该做的不是让孩子改多少遍,一味埋怨孩子"粗心",而是找到改的地方,也就是分析孩子"粗心"的原因,找到了原因我们才能进行有效的指导。

第 **86** 问

对于"粗心",我们该做点什么？（二）

在上一问中，我们分析了引发"粗心"现象的一些主要原因，如果不能关注细节，没有严谨细致的思维品质，就可能会让"粗心"频频发生。所以，在这一问我们对症下药，棒打"粗心"。

1. 计算要"科学"做

单一的题目不要过多地练习。比如口算，一下 100 道，一次做 3 组就有些多，不利于孩子情绪的稳定和注意力的集中。建议低年级可以用游戏的形式，或采用亲子对抗的游戏活动，让孩子在游戏的"紧张"及"兴奋"的情绪里，悄悄地完成计算技能的训练。中、高年级的计算比较复杂，需要笔算了，建议孩子养成用草稿纸的习惯，在答题纸夹缝里的计算往往是潦草、混乱的，不利于孩子计算习惯的养成，整洁的答题纸、工整的草稿纸，有利于孩子计算步骤规范性的养成。经过了科学的训练，当计算形成了"高超"的技能，自然可以减少"粗心"的概率。

2. 规范书写格式要求

不良的学习习惯造成的错误有："0"和"6"书写不认真就会写错数；不用橡皮擦，自己都不知道哪个才是对的；竖式不对齐，小数点不明显……这些就要从习惯的"源头"去抓起了。首先，我们要让孩子知道书写质量的标准是什么，给孩子一些明确的要求,如字大小一样、要在一行上、数字该怎么写等,对书写的好与坏要有一个明确的标准,不能只关注对与错。其次,要给孩子准确地示范,要让孩子知道正确的计算规则是什么。如笔算要用直尺画线,我们要用这个规则来评价孩子的格式要求。既然我们要求孩子规范书写格式,就应该评价孩子的书写格式要求,有了清晰的目标导向,孩子心中才有一个标准,孩子也就能沉下心,集中注意力,认真完成每一道练习。

3. 边读边标记,细致读题

审题不清导致的错误是"粗心"中最常见的一种了,孩子为什么没有关注到题目中的"坑"呢?孩子为什么不能好好地"审题"呢?我们要教给孩子一些读题、审题的技巧。如在统计数据时为了不重复、不遗漏,可以采用标一标、边数边做记号的方法;阅读题目时,可以用圈一圈、画一画的方法,把题目中的关键信息找到,使得我们对题目的理解更加完备、周全。

例如:这道题目是菜地一面靠墙,那么篱笆的长度只需要计算长方形的三条边即可,也就是两宽一长 $27 + 15 \times 2$。如果在题目中标注出墙壁,相信孩子们就一定不会出错。(图 4-12)

如右图,这块靠墙的菜地长27米,宽15米。如果给这块菜地围上篱笆,需要多长的篱笆?

$$(\ 27+15) \times 2$$
$$= 42 \times 2$$
$$= 84 (米)$$

答:要84米长的篱笆。

图 4-12

再比如,三角形的面积计算要除以2,圆锥的体积计算要乘 $\frac{1}{3}$,这都是孩子容易遗忘的,那就在读题时圈出来,标上"$\div 2$",标上"$\times \frac{1}{3}$"。

4. 边做边检查

"粗心"怕什么?当然是你"步步为营"了。解题时你可以边做边验,如果再用上估一估,就更容易发现问题。计算完成后,如果你养成了验算的习惯,"粗心"的错误也就无所遁形了。但要注意,验算首先是验算理、验方法,其次是验计算,否则在错误的方法上验算,是检查不出问题的。我们还提倡边算边

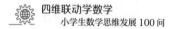
查边验，一步一"回头"，争取一次做对，防止无效劳动的做题方法。而对于一些解决问题的题目，孩子们同样可以用不同的解题方法来验证是否正确。"粗心"最怕遇到良好的解题习惯了，一旦有了好的解题习惯，它就会慢慢消失。

每当孩子犯"粗心"错时，一定要分析错误原因，只要仔细分析，就会发现"粗心"往往就是因为书写习惯、做题习惯、审题习惯不好导致的，只要用"好习惯"去"棒打"粗心，粗心也就被"消灭"了。

当然，习惯的培养不是一天两天就能铸就的，这是一个长期的过程。我们允许孩子们反复，我们也坚持正确的导向和训练，相信反复中孩子们关注细节的能力会上升，让"粗心"降级，习惯升级，"粗心"就会越来越少。

第 87 问

如何防止"技术依赖症",还给孩子 "数学成长的摇篮"?

学具,是孩子丰富多彩的学习生活的一部分,是孩子数学知识"成长"的摇篮。随着信息技术的应用和普及,课件、虚拟现实技术展示等大量光电设备进入课堂。又出现一个新的情况:老师和孩子对制作传统学具的兴趣淡化,制作传统学具的能力下降,使用的频率大为减少。这种"技术依赖症"不利于孩子成长。因为信息技术虽然可以实现直观演示,但孩子动手演示或制作学具的过程是孩子亲身经历知识的形成过程,对数学知识的理解和掌握具有重要的促进作用。在小学数学教学实际中忽视自制传统学具的现象,应引起重视。

1.传统学具,有直接"感受物态"的特殊价值

传统的自制学具在小学数学教学中的作用仍是不可忽视和替代的。虽然信息技术在课堂上的大量应用,对助力教学活动有许多优势,将教学中许多抽象的概念,以可视化、具体化的形式呈现,有利于孩子对数学知识的理解,但它依然有其局限性。因为科技合成的课件,虽有"看得见"的形象化特性,但它又有"摸不着"的难以直接"感受物态"的局限。

如在学习"观察物体"时,把多个小正方体摆放在桌面上,从不同方向观察组合体,确定各个方向看到的形状。实物摆放,亲眼观察,要比用课件演示更加直观、立体,有助于孩子空间观念的建立。

传统学具"看得见""摸得着"的特点,有助于调动孩子多种感官参与学

习,以直观的形象给孩子以视觉冲击,更有助于丰富孩子的感性认识,促进孩子对概念、算理、立体图形等数学知识及形成过程的理解,有利于发展孩子的观察能力和空间观念。

孩子以直观的形象思维为主,适当选用合适的内容制作学具,不仅可以充分培养动手能力,而且有助于调动主观能动性,增强师生间的互动,使枯燥的课堂充满趣味。

2. 自制学具,可开发"因学而异"的多种类型

在教学实践中,我们应尽可能多地为孩子自制学具提供条件。那么到底哪些内容需要并能实现自制学具呢? 这要根据学习内容和难度等级的不同,"因学而异"来设计和制作不同类型的学具。常用的大致有以下几类。

(1) 计算类学具(图 4-13)

① 帮助孩子进行大小比较的简单学具。如为熟练掌握 20 以内退位减法会借助小棒、小木块,可以将小棒按长短、颜色、粗细、形状进行分类。

② 帮助孩子学习读法与写法的自制学具。如自制计数器。

③ 帮助孩子提高口算速度的自制学具。如口算练习卡片。

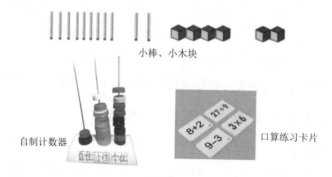

图 4-13

(2) 实物类学具(图 4-14)

① 帮助孩子认识人民币的自制学具。如元、角、分。

② 帮助孩子认识时间单位的自制学具。如自制带有时、分、秒的钟表。

③ 帮助孩子认识长度单位的自制学具。如自制直尺。

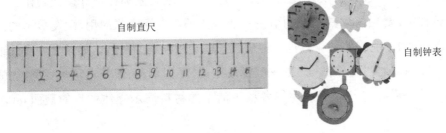

自制直尺

自制钟表

图 4-14

(3) **图形类学具**(图 4-15)

① 帮助孩子拼组图形的自制学具。如七巧板,由五个等腰直角三角形、一个正方形、一个平行四边形组成,让孩子拼组各种图形。

② 帮助孩子认识几何图形的自制学具。如三角形、正方形、菱形、梯形、圆、长方体、正方体、圆柱和球。

③ 孩子用已掌握的长方形面积公式推导平行四边形的面积公式。

④ 推导三角形的面积公式。

⑤ 还可以利用一些三角形(有直角三角形、锐角三角形、钝角三角形)学具,采用拼接法、度量法来证明三角形内角和。

⑥ 认识立体图形时,自制长方体和正方体。

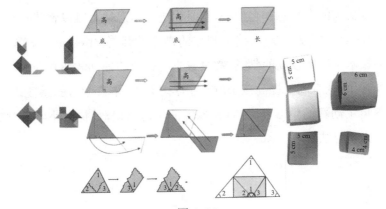

图 4-15

3. 自制学具,应预留"隐蔽衍生"功能

传统学具的演示或制作过程为孩子动手能力和创新思维的发展提供更多的可能。如果说演示只是对孩子手、眼、脑协调能力的培养,那制作学具就对孩

子的创新意识及综合实践能力提出了更高的要求。老师在指导孩子制作学具的过程中,要预留学具隐蔽的衍生功能待孩子自主探索与应用,激发孩子的创造欲,在动手动脑的制作过程中促进孩子创造性思维的发展。如孩子制作的纸杯口算练习器;"立体截面"的探究活动中,孩子用草莓、菠萝、萝卜、豆腐、火腿肠、面团、果冻、蛋糕、橡皮泥等各种生活中的材料演示立体图形的截面。(图4-16)

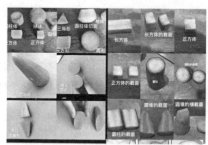

图 4-16

只要给孩子们提供一个机会,他们在制作学具过程中展现出来的创造力和想象力会是我们难以估测的。

传统学具的制作过程是孩子对数学知识和方法加深理解、进行再加工、再创作的过程,也是对学习效果的检验方式之一。制作学具的成功体验能够带给每一个孩子极大的自豪感和自信心,这是先进的信息技术难以替代和给予的。

在教学实践中,无论是由孩子制作的操作性强、使用率高的学具,还是老师制作的技术难度比较高的学具,都具有不可或缺的辅助教学功能。传统学具的使用和制作,既有利于提高孩子的数学学习兴趣,丰富学习的感性认识,又有助于培养自主创新的学习能力、合作探究的学习意识,是提高小学数学教学质量的一种必要方法。

第 88 问

如何突破"综合列式"的难点，提高孩子的逻辑推理能力？

在面对多步解决问题时，孩子们都要经历一个从"分步列式"到"综合列式"的思维发展过程。要求孩子正确列出综合算式用以解决实际问题，是对其推理能力的一个考验与挑战。那么如何找准切入点，突破"不用"或"错用"综合列式的难点呢？我们可以从以下四个方面发力。

1. "突破""想规避"综合列式的主观意识

分步列式有条不紊，一步一步去解决问题，会减少因为列综合算式出现的列式错误，如小括号的不恰当运用引起的错误及列式后的运算顺序等引起的计算错误。因此，很多孩子就主观上规避了可能会引起错误的"综合列式"，导致越不用，用的时候越费力。

因此，要突破"综合列式"的难点，首先我们要做的就是"敢用"，毕竟"综合列式"相较于"分步列式"有它的优势所在。

"综合列式"更能体现问题的数量关系，形成解决问题的模型，如下面例子：

一本本子 5 元，一支铅笔 2 元，买 5 本本子和 3 支铅笔一共多少钱？ $5 \times 5 + 3 \times 2$ 对应着数量关系式：买本子的钱 + 买铅笔的钱，也就是把两部分合起来，综合算式可以直接对应着这道题的数量关系式。

"综合列式"更能体现孩子建构、理解问题的能力，提升孩子的思维能力。

孩子运用"综合列式"解决问题的时候,首先要分清楚这个问题的已知条件是什么,要求的是什么;其次,分析已知条件间有什么关联,可以得到什么隐含条件;分析解决问题需要什么用到什么条件,哪些是已知的,哪些是未知的……,这个过程需要孩子的分析推理能力,需要孩子"迁移模型"和"整合"信息。只有分析清楚了,才能列出最终的综合算式。相比于结果的得出,中间过程的推理分析更能锻炼孩子的数学素养,规避中间的过程训练对孩子学习数学来说是巨大的损失。

2."突破"列综合算式在逻辑关系上的定位

分步列式与综合列式既有区别又有紧密的联系,要引导孩子明确其中的逻辑关系。分步列式是综合列式的雏形,它能详细记录思考的过程,是多步计算解决问题的基础。而综合列式,则是在分步思考的基础上更进一步地归纳梳理,使思考具有整体性和关联性,能强化对于问题的全局思考,明晰数量关系,对思维的要求更高。在实际中,有的孩子对这种逻辑关系理解不透、处理不好就容易感到"难"。

我们来看看这样一组题目,从中具体分析"分步列式"和"综合列式"之间的区别与联系,寻找突破难点的切入点。

题例如下:

秋天到了,旅游团组织 18 个家庭去采摘园游玩,每个家庭分 3 只篮子,一共有 60 只篮子,分完后还剩几只篮子?

分步列式:

先求已分的只数:$18 \times 3 = 54$(只)

再求剩下的只数:$60 - 54 = 6$(只)

综合列式:

$$60 - 18 \times 3$$
$$= 60 - 54$$
$$= 6(只)$$

你发现了吗?无论是分步列式还是综合列式,我们都是先求已分的只数,再求剩下的只数,解决问题的思路是不变的。并且综合算式计算的第一步也是分步列式中的第一步,两者是密切关联的。

3. "突破"综合列式的分步推进

将分步列式合并为综合列式的目的是培养孩子的综合解决问题的能力,帮助孩子提高思维、发展推理意识。那么如何学会列综合列式呢?重点是要引导孩子明确分步推进的路径,掌握好四步推进法。

理清数量关系。在理解题意的基础上,根据相关的信息,明确题目求的是什么、需要先算什么、再算什么。

注意运算顺序。这是在理清数量关系的基础上,将数字与运算符号安排在算式合适的位置,遵循先算乘、除法,再算加、减法,有小括号的要先算小括号的顺序进行计算,确保符合题意。

验算计算结果。完成计算后,要检验解题思路是否正确,结果是否合理。

学会逻辑表达。表达是检验是否学会的方法之一,通过对算式的讲解能够看到孩子是否正确理解题意、理清其中的数量关系,是不容忽视的重要一步。

4. "突破"计算综合算式无后顾之忧

当我们列出了综合算式后,接下来就是计算了。在日常多步计算时一定让孩子养成好的计算习惯,读算式,真正理解综合算式的计算道理,养成综合计算的"算感"。对综合算式算理的理解也有助于提高孩子列综合算式的能力。

通过恰当的方法帮助孩子克服畏惧心理,孩子就能主动地列出正确的综合算式了,综合算式的"难"也就逐渐变得不难了。综合算式不难了,孩子解决问题的思维能力也在不知不觉间得到了提升。当然,并不是说我们就"一刀切",要求孩子必须运用综合算式解决问题,而是我们在学习用综合算式解决问题时,要运用恰当的方法,让综合算式的优势发挥到极致,推动孩子数学思维和数学素养的提升。同时,我们也要尊重孩子的个性化学习。我们给了孩子列综合算式的能力,给了孩子多样化方法的选择,建构了分步解决与综合解决的关联,孩子就可以根据自己的所长,灵活选择,可以综合解决,也可以分步解决。

第 **89** 问

期末阶段,怎样提高孩子"复习"的效率?

复习,是巩固和提高孩子已学知识的重要环节。在小学数学教学中,"复习"尤为重要。一方面是由孩子的特性决定的。他们具有对知识接受快、忘记也快的特性。容易熟悉了后面的知识,疏忽了前面的知识,因而需要不断地温故知新。另一方面是由数学学科的特点决定的。数学知识具有连贯性特点,需要通过"复习",巩固已经学习的内容,形成知识网络,从而促进孩子的思维发展。因此,复习的过程就是全部知识的回顾、整理与巩固、提高的过程。但是,如何教孩子"复习"好功课,又是一个难点。有的人存在一些认识上的误区,把"复习"仅仅看作一种单纯的练习,效率不高。特别到了期末复习阶段,孩子们容易出现严重的浮躁情绪。怎样解决这个问题,提高复习课的效率呢?我们从实践中得出经验,重在把握和遵循以下几个原则。

1."培基固本"原则

根据小学基础教育课程改革的要求,数学"复习"的根本目标在于巩固、提高已经学习的基础知识和基本技能。因此,我们引导孩子复习的时候必须有一个明确的指导思想。把巩固基本知识、基本技能这个"双基"的基础作为首要任务。应下大力气吃透教材,切实引导孩子打牢基础,做到培基固本。如果偏离这个根本,即使你下了很多的功夫,花了很大的气力,也很难提高复习的效率。

有相当一部分孩子到了复习阶段特别畏惧即将到来的考试,尤其是有过考试失败经历的孩子,害怕遇怪题,害怕做错题。这部分孩子一进入复习阶段就开始紧张,在复习时眼睛盯在个别难题上,急功近利,急于求成,不在"双基"训练上着力。因此,需要加以正确引导。

复习阶段的"双基"训练,应是一种开放式的训练。要营造一种民主平等、开放活跃的复习氛围,激发孩子的学习积极性和创新欲望。要引导孩子主动联系实际,提供实践与交流机会,在应用中加深对基础知识的理解。要通过对孩子的思维训练,从多方位、多角度,综合运用所学知识拓宽思维,来发现问题、分析问题和解决问题,提高基本知识复习的效率。

在双基训练中,还应切实抓好"读题"能力的训练。有些孩子重视计算的基本技能,而忽视对"读题"的基本训练,常在考场上因不能正确读题而出错。殊不知,读题不仅可以扩大获取解题信息的"量",而且能在对基础知识的理解上达到"质"的提高。尤其是一个题目引入新的知识点和新的概念时,孩子读题能力不强,一看到就会发懵。所以复习中应引导孩子学会仔细阅读题目、理解内容、准确判断,如果遇到疑难问题,应带着问题再仔细研读,可以通过探析题意、创设条件、简述解题思路等方式,训练孩子完成从文字语言到数学符号图形语言的转化。

2. "系统整理"原则

小学数学教材各单元之间的知识具有连贯性。平时孩子所接触到的是比较零碎、分散的知识。知识的链条出现一个断裂点,就影响到整个知识的运转应用。如果我们把孩子所学知识看作一个完整的链条,那么复习则是把一节一节的链条连贯起来,形成完整的知识链,从而促进孩子的发展。系统整理原则应贯穿于复习的始终,把握好三个步骤。

第一步:"回顾再现"。

引导孩子对将要复习的板块进行回顾,回忆学过的知识,为整理和复习做准备。

第二步:"梳理知识"。

本环节就是对所学知识进行系统的、提纲挈领的梳理。引导孩子发现关键处、注意点,交流好方法,沟通彼此之间的联系与区别,进而加深孩子对知识的全面理解。

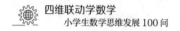
第三步:"构建网络"。

通过系统地理清思路,弄清知识的来龙去脉、前因后果。

引导孩子对概念间做纵向、横向联合的归类、整理,找出概念间的内在联系,将平常所学孤立的、分散的知识串线、连片、结网,以便记忆和运用。

实践中应用好的一些梳理方法,能达到很好的梳理效果。例如,"比较梳理法"能帮助孩子分清知识的联系与区别,便于对知识的理解。再如,常用的横向和纵向比较。可根据端点数和长度比较区分出"三线"的异同:直线无端点无限长,射线一个端点无限长,线段两个端点有限长;线段是直线的一部分,把线段的一端向外无限延长便成射线,而把两端向外延长便成直线;等等。层层归纳概括也是一种不错的梳理方法,当已学的各部分内容呈现出来以后,就要让孩子通过观察和思考找出各部分内容之间的关系或蕴藏的规律,建立良好的认知结构。

3. "重点精练"原则

引导孩子复习的过程,也是一个抓住重点、精心练习的过程。在传统的数学教学中,进入复习阶段特别容易落入"题海"战术,把孩子弄得很疲惫,效率不高。应该防止这种倾向。

复习中的"重点精练"应注重把"合理与实效"统一起来,在设计上应注意两点:一是要有针对性地练,针对孩子平时学习中存在的主要问题相应地安排适宜的练习;二是有重点地精练,要注意把握以下6个重点策略。

(1) 画图

画图作为一种解决问题的策略,比较适合孩子的认识特点。由于孩子年龄的局限,他们对符号、运算性质的推理可能会有一些困难,如果适时地让孩子们自己在纸上涂一涂、画一画,可以拓展孩子解决问题的思路,把一些抽象的数学问题具体化,把一些复杂的问题简单化,帮助他们找到解决问题的关键。例如线段图,通过画线段图把复杂的数量关系变得简单明了,将抽象的数学问题直观化,行程问题用画线段图的策略分析就很形象,孩子好理解。

(2) 列表

列表有时候也叫列举信息的策略。在解决问题的过程中,我们将问题和条件信息用表格的形式列举出来,往往能寻求到解决问题的方法,起到事半功倍的效果。

(3) 尝试

简单地说,就是你不知道该从哪开始的时候,可以先猜一猜来进行尝试。但是猜测的结果,应该有合理的依据,并且要把猜测的结果,放到问题中去进行调整。

(4) 模拟操作

模拟操作是通过探索性的动手操作活动,来模拟问题情境,从而获得问题解决的一种策略。孩子是通过自己探索的过程,将需要解决的问题,转化为一个已知的问题来进行推导性的研究。通过这种开发性的操作策略的训练,不仅能够使孩子获得问题的解决,在这个过程当中,也能培养孩子的创造性思维。

(5) 逆推

逆推也叫还原,就是从反向去思考,从问题的结果一步一步地从反面去思考。在解决某一个问题的过程中,当你从正面进行思考遇到了阻碍的时候,可以换个思路从相反的方向,即从问题的结果一步一步地往前推,这时候可能会有意外的发现。

(6) 推理

推理也是孩子常用的一种解决问题的策略。过去我们所说的"分析法"和"综合法"都可以看作逻辑推理的方法,是解答两三步应用题常用的方法。

这些都是孩子常用的解决问题的策略。当一个数学问题呈现在面前时,其思维的触须是多端的。在复习阶段,为了达到"重点精练"的目的,要通过策略的运用,不断思索探求、逐步积累解题经验,以掌握更多、更具体的解题方法,更有效地提高解决数学问题的能力。

4. "拾遗补缺" 原则

平时学习中,孩子不可避免地存在一些缺漏。在课堂练习、课外作业掌握这方面的情况,对那些孩子容易混淆和在练习时容易出差错的地方,要通过复习课来补缺,从错题中发现孩子认识和理解上的偏差,分析原因,通过纠错的过程加深认识。避免平均使力让复习走过场,应在真正查漏补缺中,使孩子的复习学有所得。

在复习中还应随时发现孩子的困惑或问题,找出原因,进行有针对性的训练。例如有这样一道题目：有一块 16 公顷的红薯地，总产量是 960 吨，如果有 28 公顷的地，一共产红薯多少吨？孩子出现了错误：960 ÷ 28、960 ÷ 16 ÷ 28。类似的题目总在出错。究其原因，孩子从一步应用题向两步应用题过渡时缺少了找中间问题的训练。适当地加上一组根据问题找条件的练习，两步应用题的正确率就会提高上来。

5."激励自主"原则

复习的内容都是孩子学过的内容，容易产生厌烦和放松情绪，影响复习的效果。因此，要更多关注孩子的情感、态度在复习活动中的作用，把复习的主动权交给孩子，鼓励自主探索。

（1）应采取多种方式调动孩子的自主复习的兴趣与热情

鼓励孩子抓住复习重点，攻克难点，克服弱点，加深对知识的理解。例如：可以采取"预习法"，让孩子通过预习，加深对已有知识的理解；可以采取"相互评价法"，通过师评、生评、组评、自评，开展争论等调动大家的复习积极性；可以采取"情境设计法"，通过小故事、小游戏、小竞赛等形式，创设一定的情境，引导孩子融入情境，梳理知识，建立知识体系。吸引孩子主动参与，体验成功，克服复习整理阶段中重复学习的单调与枯燥，促进孩子身心全面和谐发展。

（2）要关注孩子的差异性，因人施教，分类指导

每个孩子在复习中都应调动自己的知识体验和生活积累以及思维方式和解决问题的策略，从而使复习的积极性得到保护，个性得到张扬，使不同的孩子的数学能力得到展示，满足成长中的多方面需要。

（3）要建立畅通的家、教交流渠道

家长是孩子最直接的"教育者"，家庭教育在很大程度上影响孩子成长。家、教交流使"家教"与"师教"相一致，可起到好的教育效果，特别在复习阶段，这种沟通尤为重要。老师可以把孩子的复习情况告诉家长，家长可以把孩子在家里的感受与情绪告诉老师，有助于老师、家长全面了解、掌握孩子各方面情况，及时发现问题，抓住教育的良机，在复习阶段对问题进行补救。特别是对待平时数学成绩较差的孩子，老师和家长的配合更应紧密，应选择恰当的方法，采取有效措施，加倍地关爱他们，融情启智，开发他们的智慧潜能，帮助他们克服学习的困难，使他们在复习中迎头赶上。

第 90 问

为什么要在数学教学中向孩子渗透"数学文化"？

数学是人类的一种文化。数学文化和其他内容一样,是现代文明的重要组成部分,它和其他文化一起,共同促进了现代文明的发展。小孩子从小懂一点"数学文化",有助于培养对数学知识的探索精神和数学思想的传承,非常有意义。

数学文化可以从狭义和广义两方面进行理解。狭义的解释,是指数学的思想精神、方法观点、语言以及它们的形成和发展。数学文化广义上讲,除上述内涵以外,还包含数学家、数学史、数学美、数学教育、数学发展中的人文成分、数学与社会的联系、数学与各种文化的关系等等,我们平时更多地是指广义上的数学文化。

数学教育的最终目标不只是要教会孩子们背几个公式、学会几道计算题,更重要的是,让孩子掌握数学的方法,培养数学的思维,了解数学的发展历史,懂得学习数学的价值,明确数学文化的内涵,感受数学文化力量,产生文化共鸣,体会数学的文化品位,体察社会文化和数学文化之间的互动,会用数学的眼光观察世界,用数学的思维思考世界,用数学的语言表达世界,最终实现对数学发展的推动。

所以,数学文化的学习对孩子们的成长有着极其重要的作用和价值,向孩子们渗透数学文化要从具体生动的事例和故事入手。

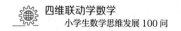

1. 追寻数学家成长的足迹

著名的数学家是数学文化的代表,让孩子们了解数学先辈们刻苦钻研的作风、富有启发性的治学经验和崇高的思想品德,有助于激发孩子的探究兴趣,培养不怕困难的探究精神,是学习科学研究方法、弘扬民族精神极其生动的思想养料。数学家的成长故事可以激励孩子勇攀科学高峰,形成坚毅的品质,尊重科学发展的规律,促进求实、说理、批判、质疑等理性思维习惯和锲而不舍追求真理的科学精神的养成。

比如在圆周率的学习中,孩子只是通过动手操作、测量计算、全班交流,发现了圆的周长和圆直径的比值在一个大概的范围内,而在古代,数学家们对圆半径和直径关系研究中,是一次一次不断地测量,计算,再测量,再计算。数学家刘徽首次用“割圆术”的方法计算圆周率,当时他能用到的计算工具只有算筹。数学家祖冲之经过长期、艰苦的测量和计算,才把圆周率精确到小数点后面的第 7 位,这在当时的情况下,是非常难能可贵的。

在现实的数学学习中,很多知识可能随着离开学校后逐渐被淡忘,但学习过程中的数学思想和方法,如转化、比较、分类、抽象、归纳、推理论证、迁移类推等可能会使人受益终生,去伪求真的数学精神甚至会影响一个人的人生观和价值观的形成。所以,追寻数学家成长的足迹对孩子们形成正确的世界观、人生观、价值观有着举足轻重的意义。

2. 讲述中国数学发展史生动故事

中国数学发展的光辉历史和数学家的杰出成就,可以激发孩子的民族自尊心和自豪感。14 世纪以前,中国是世界上数学大国之一,中国的数学成就之高世界公认,诸如十进制计数法、算筹、正负数及其运算、多元一次方程组解法、中国剩余定理、高次方程解法、天元术与四元术、高阶等差级数、圆周率及其求法、勾股定理。“东学西传”的源头在中国,是中华民族立于世界之林的象征,是中华儿女对人类作出的贡献。

比如我们古代劳动人民发明创造的简便计算工具——算盘。中国是算盘的故乡,在计算机已被普遍使用的今天,古老的算盘不仅没有被废弃,反而因它的灵便、准确等优点,在许多国家方兴未艾。因此,人们往往把算盘的发明与中国古代四大发明相提并论。

孩子们在倾听中国数学发展的生动故事中,可以感受到中华民族的伟大、中国数学家的智慧,有助于建立学好数学的自信心。

3. 课堂教学渗入数学的思维方式

数学是一种理性化的思维范式和认识模式,它不仅仅是一些运算的规则和变换的技巧,它的精髓是能让人们终身受益的思想方法。在课堂上,展现数学知识的产生背景,数学概念的形成、发展过程和数学定理的提出过程,使孩子们了解数学与人类社会发展之间的相互作用。既有助于孩子们全面深刻地理解数学知识的本质,又能让他们体会到数学研究的价值和方法的产生过程,摸清知识的来龙去脉,构建知识网络,促进孩子们的思维发展,提高"做数学"的能力。

比如,在"分数的认识"一课中,起初孩子们并没有感受到分数产生的价值。通过动画视频,介绍古代分东西时出现不是整数的情况,孩子很容易就理解"分一张饼不够",所以才产生了半张饼1/2。通过算筹的介绍和《左传》《九章算术》中对于分数的记载,追溯根源,了解了分数产生和发展的历史,孩子们对分数就有了更清晰地认识。因此,在孩子们研究新问题时,也会用数学的思维方式来提出问题、解决问题。

4. 感悟现代数学与科技发展的紧密联系

科学史表明,一些划时代的科学理论的出现,无一不借助于数学的力量。希腊的毕达哥拉斯学派就把"数"看作万物之源。"近代自然科学之父"伽利略认为:"展现在我们眼前的宇宙像一本用数学语言写成的大书,如不掌握数学的符号语言,就像在黑暗的迷宫里游荡,什么也认识不清。"物理学家伦琴因发现了 X 射线而成为 1910 年开始的诺贝尔物理学奖的第一位获得者。当有人问这位卓越的实验物理学家"科学家需要什么样的修养"时,他的回答是:"第一是数学,第二是数学,第三还是数学。"对计算机的发展作出过重大贡献的冯·诺依曼认为"数学处于人类智能的中心领域"。

其实数学教材四年级上册中"荡秋千"的实践活动课就是一个很好的例子。孩子对于荡秋千这一生活情境很感兴趣,但是并不明白其中的道理。数学文化中"单摆原理"和"伽利略利用单摆发明创造出第一台测脉搏的仪器"的

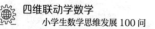

小故事,能够让孩子们感受到数学与科技进步是息息相关的。

现代数学取得的这些巨大成就和丰硕的研究成果,无一不是基于数学知识、方法、思想及数学文化的发展,古今中外,数学知识与其他学科的认知和发展紧密相连,不可割裂。加强数学文化的渗透,对孩子们理解数学、感悟数学与其他学科的关系有着重要价值。

第 91 问

纠正错题中的"三类遗漏"对提升成绩有多重要?

数学学习能力的提高,离不开错误的发现与纠正。孩子学习数学不怕出错,就怕放任错误不管,堆积错误。有的孩子数学成绩不好就是因为对知识的理解错误、解题的方法错误,知道错了也没有及时解决纠正,因此一错再错,数学成绩总是上不去。要解决这个问题,我们必须引导和监督孩子及时对错误进行分析,做到有错必改,每错必纠。其中最重要的是要"查漏补缺",因为凡是错误,总是有"遗漏"之处。当发现孩子的错误后,就应围绕纠错去考虑遗漏问题,寻找遗漏的内容、遗漏的原因,研究遗漏的对应策略。孩子在解题中的各类遗漏中,主要有三个方面需引起特别重视和纠正。

1. 纠正习惯性遗漏

有的孩子题目明明会做,反而做错了,主要是做题的时候习惯性遗漏所致。

(1) 习惯性看错关键词

平常孩子见过类似的题目,但在做题的时候看错了已知条件。这背后的原因可能是读题时习惯性地一眼扫过,忽视了其中的"关联词"。因此我们要告诉孩子,解题时不仅要追求答案结论的正确,还要知道结论是如何推导出来的。审题中认真看清题目,抓住其中的关键词,同时进行对比,区别与关联词的"异同点"。

t 是一个偶数，与它相邻的两个自然数分别是 $(t-2)$ 和 $(t+2)$。

这种题目可能会产生混淆，可以设计对比练习发现关键词，进而找到解题的策略，从而避免错误。

其正确答案是：

t 是一个偶数，与它相邻的两个偶数分别是 $(t-2)$ 和 $(t+2)$。

t 是一个偶数，与它相邻的两个自然数分别是 $(t-1)$ 和 $(t+1)$。

（2）习惯性计算出差错

如果在运算过程中出现差错，得出答案肯定是错误的，这背后原因不仅仅是运算能力较弱的问题。而且还有一种是惯性错误所致。例如，出现 $2 \times 4 = 6$、$2 + 0 \times 3 = 6$ 的错误，这就是简单的得数和运算顺序错误，但这种错误惯性，却有可能在各级运算中反复出现。这就需要平时加强对错误的深度纠正。

（3）习惯性答题不规范

孩子常常看错、抄错、漏写……这些看似简单的错误，也是需要引起格外重视的习惯遗漏。引导孩子注意在解题时，拦截"急"切的解题心理，练习"慢"下来审题的习惯。重视解题的核查核对，培育稳重严谨、有条不紊的性格。

2. 克服知识性遗漏

孩子做题出差错、发生遗漏，与平时知识点掌握不牢固、记忆不准确、概念不清晰紧密相关。一遇到问题就不能举一反三，应用自如；而且由于知识不牢固，答题时就会不完整、不准确，对答案正确与否自己都不敢确定。因此，要提高对知识概念的本质理解。如果只掌握了知识的"型"，并没有掌握知识的"法"，在知识的某个层面和链条上出现了哪怕是细微的断裂，将知识变式后就容易出现漏洞。应深究每个知识点的完整性及其意义，经过变式练习来提升对于知识的理解。

两根同样长 1 米的绳子，第一根用去 $\frac{1}{4}$，第二根用去 $\frac{1}{4}$ 米，用去的绳子（   ）。

  A. 一样长 B. 第一根长 C. 第二根长 D. 无法确定

这道题目主要考察的是孩子对分数乘法的意义掌握，尤其是对单位"1"的认定。"第一根用去"是指绳长全部的 $\frac{1}{4}$，而绳长为 1 米，所以第一根用去了

$\dfrac{1}{4}$ 米,"第二根用去了 $\dfrac{1}{4}$ 米"所指的是 1 米的 $\dfrac{1}{4}$,所以也是 $\dfrac{1}{4}$ 米。由此可见这两根绳子用去的一样长,因而本题的正确选择是 A。

这道题的变式很多,主要体现在绳长的变化上,只有对知识掌握比较牢固,通过辨析比较才可以有更深刻的理解,避免出现遗漏错误。

3. 改变方法性遗漏

在做题中,因为正确的方法掌握不扎实,不能有效迁移解决同类知识,也容易出错。对这一类问题的解决,可以采取将同类知识进行归类的方法,建构知识间的联系与有效迁移。

例如,可以建立"错题集",让孩子将老师讲过的一些典型的、思路巧妙的、对自己有所启发、让自己有所领悟的例题,整理出来,列进错题集。平时及时整理和总结,多看、多思、多问! 这样可以快速弥补知识上的漏洞。错题本记满以后,可以再重新整理,自己会做的可以删去,不会做的可以保留,如此反复,直至完全掌握。

一般来说,只要平时学习努力,对于自己的错题能够及时进行查漏补缺,成绩都会有很大的进步。这个过程需要孩子静下心来认真思考,要找准失误的原因,并对症下药,才能有效地提高成绩。

第 **92** 问

如何让孩子能够真正在"熟"中生出"巧"？

人们常说熟能生巧，在数学计算过程中也是这个道理。小学阶段一定要锻炼孩子的计算能力，多做多练。熟练了可以保证不出错。但是在实际操作中，有一个误区，如果一味盲目机械地死练，"熟"不一定真的能生"巧"。有时候，可能练出一些"痼癖"动作，影响孩子长远的思维发展。尤其是在低年级数学教学中，计算占据了较大的比例。低年级也是孩子思维逻辑的启蒙和形成期，教学更要适应孩子的思维特点，讲究"练"的科学有效性。那么孩子的计算该如何训练，如何才能真正达到熟能生巧、事半功倍呢？

1. 着眼培育"算感"，练好数数的"巧"

计算也需要孩子的"算感"，就是"算数的感觉"。重点是要让孩子理解数的意义，能在具体情境中把握数的相对大小；能用多种方式来表示这个数。例如，面对"5 + 5 ="这道题时，有的孩子马上就能回答出来是"10"，可以把这道题转化成 5 个 5 个地数。数数的感觉好，可以促进计算的感觉。看到"8 - 2"可以瞬间想到，是 2 个 2 个地数；而"45 + 10"则是 10 个 10 个地数。"数"数的熟练度可以发展孩子的"数感"，可以进一步发展孩子的"算感"。在训练孩子数数的时候，还可以变着"花"样来数，例如 2 个 2 个地数、5 个 5 个地数、10 个 10 个地数；可以从小到大地数，也可以从大到小数；还可以"对抗"数，"游戏"数，沿着"数轴"数……

2. 着眼于数与数之间的关联,练出循序渐进的"巧"

注重数与数之间的关联是计算生"巧"的秘籍。当孩子有了数数的感觉,我们就可以有条不紊、循序渐进地训练孩子的计算了。但是,这不是让孩子死记硬背,而是要让孩子理解数与数的相邻关系,由一个数推理出第二个数。这就需要施教者"用心"和"坚持"。比如我们今天让孩子练习好"+1"和"−1"的计算,如 8 + 1 = 9、11 − 1 = 10,"+1"就是往后数一个,"−1"就是往前数一个;当孩子算得非常流利了之后,我们就再练习隔一个数,也就是"+2"和"−2"的计算,如 13 + 2 = 15、11 − 2 = 9,"+2"就是往后隔一个数,"−2"就是往前隔一个数;"+3"和"−3"的计算也可以安排起来了,这就是隔 2 个数……还有"+9"的算式特点就是另一个加数个位减 1,十位加 1,如 18 + 9 = 27。在这个过程中,必须让孩子学会理解这个数与另一个数的关联,并且分级训练,层层递进。这样做孩子们既理解了"数与数之间的关联乐趣",也不会对计算排斥,而且你会发现孩子推理能力增强了,找规律填空的题也不是问题了,因为我们的计算训练已经充分利用了数与数之间的关联。

3. 着眼计算法则,练出算理上的"巧"

计算是什么? 它是根据已知数,通过方法或规则得出未知数。除了数的感悟,计算规则尤其重要,因为计算要算对。算对的前提是对规则、计算的方法要理解,也就是要理解算理。课堂上老师自然会把算理讲明白、透彻,在家孩子只需要"巩固"就可以了。让孩子说说怎么算出来的,讲一讲计算的规则是什么,当然如果能用上学具,边摆边说就更完美了。看孩子是不是理解了知识,最好的方式就是看能不能用语言表达出来,数学语言就是数学思维的载体。

4. 着眼于计算练习成效,练出检验的"巧"

计算最后要形成的是一种技能,最重要的当然是日常的训练检验了,也就是我们很多家长在家坚持做的"天天练"。计算训练是要检验成效的,绝对不是给孩子一本本子,让孩子自己练,练完了用手机一查答案,然后给孩子简单总结"全做对了,很认真"或"错了好几道,怎么这么粗心"。我们应该以科学的方法检验孩子的计算能力。计算必须学会读题,计算要有书写的规范要求,计算要有错的原因分析,计算要有举一反三的错题纠正。要在合适的时机,运

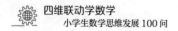
用恰当的方法, 在训练计算技能的同时, 培养孩子计算的兴趣, 发展他们的数学思维。

第 93 问

你会把数学问题"翻译"成直观图形吗？

在小学阶段,孩子的思维具有以形象直观为主的特征,对于比较抽象的数学问题,如果借助比较直观的"画图法"解题,可以让孩子更好地理解数学概念,轻松地解答。但是有的孩子缺乏使用"画图法"解题的意识和能力,甚至"会看不会画",很有必要加强引导,学会"画图解题小技巧"。以下题为例。

有一个边长为 4 厘米的正方形,如果将这个正方形的边长增加 2 厘米,面积增加多少?

作业中的这道题目应该如何画图解答呢?

有孩子说:画图了,可是还是不会解答呀?原来,细看是图画得不对。他是这样画的。(图 4-17)

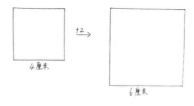

图 4-17

这样的图形,显然没有理解"画图解题"的内涵和目的,缺少画图元素技巧,是无法解题的。

假如我们让孩子变一种画图的形式,就完全会是不一样的效果。(图 4-18)

题目：

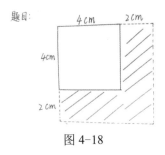

图 4-18

通过画图，就会直观地理解：增加的部分是一个不规则的图形，可以通过分割转化成 2 个长方形，2 个长方形的面积都可以根据已有条件直接求出面积；也可以用变化后的面积减去原来的面积，得到增加的面积。

其实，类似的题目还是不少的，再看下面一道题。

从一张长 7 厘米，宽 5 厘米的长方形纸上剪下一个最大的正方形，剩下部分的面积是多少？

如果画成这样一个图就一目了然。（图 4-19）

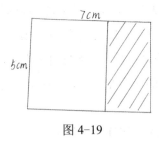

图 4-19

根据已学的知识，孩子们都知道最大的正方形的边长就是长方形的宽，可是剩下的图形是什么样呢？通过画图就会发现，剩下的图形是一个长方形，长方形的长是 5 厘米，宽是边长差，也就是 7 − 5 = 2（厘米）。

遇到这类题目，如果孩子们借助画图把抽象的数学问题具体化，就可以轻而易举找到解决问题的方法。

为什么有的孩子解题的时候想不到画图，或者图画得不对呢？究其原因，一是孩子缺少画图的实践操作训练。虽然教材在一年级出现了线条图，三年级也有线段图的教学，但教材中没有强调画图解题的思路，孩子们在学习过程中没有直观图、示意图等专项基础训练。一旦出现这种错题，老师为省略解决问题的时间，就直接自己画出图来，孩子们不能从中得到实践操作的感悟。二是虽然教材中也有一些画图方面的训练要求,但大多是线段图,而缺乏画"示意图"的实际要求与训练,解题中一旦遇到需要画"示意图"时,就不能正确地通过画图来示意。

因此,我们必须有意识地加强"画图解题"的训练,不断提高孩子们画图的意识和能力。这样,在解决数学问题时,孩子们才会自觉利用"画图法"这个中介辅助来理解题意,自觉地把一些稍难的数学题目"翻译"成图形,进而由"外化"转为"内化",发展解题的逻辑思维。

第 94 问

如何迈出"解决复杂问题"的第一步？

好多孩子解决复杂问题都有被难倒的时候，看到题目，无从下手。因为隐藏的中间问题的干扰，孩子不能确定第一步先算什么？导致多步解决问题成了困扰。

追根溯源，让我们看看孩子第一次学习两步解答问题时的学习情形吧。

旅游团进行分组，9 人 1 组，已经分了 4 个组，还剩 5 人。旅游团一共有多少人？

这是二年级第一次出现的两步计算的问题，对大多数孩子来说，这个问题的情境容易理解，数量关系一目了然，不难列出算式 $4 \times 9 = 36$（人），$36 + 5 = 41$（人），甚至有的孩子都可以直接列出综合算式 $4 \times 9 + 5$。

这个问题和以前学的问题最大的不同是：不管你如何选择信息，任何两条信息都不能直接列式解决问题。这是第一次出现了真正意义上的需要三条信息解决问题，而且其中两条信息是相关的：9 人 1 组，已经分成 4 个组。信息之间出现了关联和逻辑，孩子就要"会分析"。如果孩子能说出要解决一共有多少人（最终问题），需要先求出分好的 4 个组的人数（中间问题）。孩子就有了"分析"问题的意识，就有了多步解决问题所需要的"逻辑"思考。

一般情况下，我们也大多会根据孩子们的表达顺势梳理出如下的两种解题思路。（图 4-20）

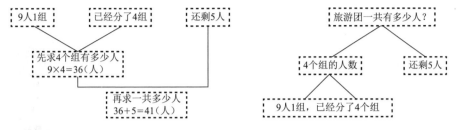

图 4-20

解题思路：

对这道题来说，孩子是有思路的。但这种思路来自哪里？又是怎么获得的呢？这恰恰是孩子们由原来解决一步题到解决两步题的需求。

其实，它就来自于题目本身，解决问题的第一步应该是读懂题目、理解信息。读题理解信息不仅仅是对数据和信息的复述，而是带着思考，努力处理数据和信息，理解意义，对比想象，并试图找到它们之间的关联，而这种关联，正是深度理解进入高阶思维的起点。

回到题目中的 3 条信息和 1 个问题。3 条信息间，有 2 条信息是有关联的：9 人一组，已经分成 4 个组，这 2 条信息可以求出已经分了多少人。如果孩子能把信息之间的关联和逻辑读明白，从条件出发解决问题的思路就自然产生了；从另一个角度思考，知道了 3 个条件，要求总人数，但这 3 个条件都无法直接求出，那么就想，根据什么条件能求出来，透过深入的读题就能发现，关联信息是已经分了的和还剩下的，已经分了的人数不知道，需要先求出来。

沿着关联进行分析推理，解题思路也就水到渠成了。而这，才是解决复杂问题真正的第一步，才是今后碰到更多更复杂问题仍然保持清晰思路的源头。

第 **95** 问

把好考试最后一道"检查关",四个要点,你记住了吗?

考试中,有的孩子本来是会做某些题目的,但是卷子发下来一看,"哎,又错了"。惋惜的同时,究其原因,主要是没有把好考试最后一道"检查关",不会检查。检查验算是考试的必修课,也是最后自我救济的一道关卡。验算也是有规律可循的,认真把好以下四个要点,可以最大限度地降低出错率。

数学试卷中尽管有各种不同的题型,但是归结起来大体可分为概念类、计算类、操作类、解决问题类的题目。我们按类别逐一梳理检查要点。

1. 概念题:理清概念再检验

概念题主要分为填空、判断、选择三种题型。考查知识范围广,想拿满分不容易。因此,检查的作用不容小觑。检查的本质是理清概念再验证。需要记清概念、理解概念、灵活应用概念来验证试卷上填空、选择、判断题答案是否正确。

考试中如果时间允许,最好逐题检验。检查时要在草稿纸上写出思路,需要计算的地方再验算一遍。选择题可以用排除法、代入计算法进行验算,把所选的答案代入题中计算或者判断是否正确。检查判断题时如果是对的,要写出根据;如果是错的,举出反例来说明。以下面的三道判断题为例。

① 比 0.6 大比 0.7 小的小数有 9 个( )。

② 2022 年第一季度共有 90 天( )。

③ 只有一组对边平行的图形叫作梯形(　　)。

检查时可进行如下分析:

①是错的。

比 0.6 大比 0.7 小的小数除了 0.61、0.62、0.63、0.64、0.65、0.66、0.67、0.68、0.69 这 9 个一位小数,还有两位小数、三位小数等有无数个,这句话表述不严谨,我们只要分析清楚这道题的错误点,举出反例,是对是错,一目了然。

②是对的。

因为 2022 ÷ 4 = 505……2,有余数,所以 2022 年是平年,2 月份有 28 天,第一季度是 1、2、3 三个月,31 + 28 + 31 = 90(天),所以 2022 年第一季度共有 90 天是正确的。利用计算、推理等方法可以有理有据地检验判断结果,自然达到有效检查的目的。

③是错的。

看起来这道题好像对又好像不对,拿不准,怎么办?可以在草稿纸上做出标记,如在题号前面画个问号。答完其他题目后,回头再来看做标记的题目,逐字逐句地读。画出这句话中的关键词,发现这句话中的"图形"一词不准确。梯形首先应该是四边形,而"图形"一词含义广泛,不严谨。所以此题不正确。

2. 计算题:把握验算"三部曲"

计算题基本类型有直接写得数、竖式计算、脱式计算、简便计算和解方程等题型。一张试卷中,计算往往占据 30%~40% 的分值,地位不容小觑,而恰恰有的孩子在计算部分丢分严重。检查时,我们可遵循以下"三部曲"。

第一步,检查数字、运算符号是否看错或抄错。

比如:把"6"抄成了"0",把"7"抄成了"1",把"8"抄成了"3",或把"1057"抄成了"1075";抄运算符号时,把"÷"看成"+",把"+"看成"×",直接导致计算结果错误。我们在检查时,往往会忽视这一步,因此应特别注意。

第二步,检查运算顺序是否正确。

算式中有加、减、乘、除,就要先算乘除,后算加减;如果有括号,就一定要先算括号内的,后算括号外的。有时题目故意设计成类似巧算的模样,如 3.6 × 1.8 ÷ 3.6 × 1.8,容易误算成(3.6 × 1.8)÷(3.6 × 1.8)= 1。所以不要凭感觉安排运算顺序。

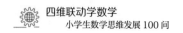

第三步,检查计算结果是否有错。

如果检查时发现计算结果与原先答案不同,不要轻易改动。应按上述方法再检查一遍,或者用估算或验算的方法倒推检查每一步,然后再决定,以免产生"原先做对了,又改错了"的失误,追悔莫及。

3. 操作题:审清题意再下手

操作题可能是按要求画图形、量长度、做平移或旋转、根据文字表述确定位置或路线、判断、分析或预测等。

一般考查的是基本知识和方法,可能是题目变式或现实问题,难度一般不会太大。对这类题目一定先认真分析、审清题意,比如读题时圈画关键词,注意方向、长度、大小、单位、中心点等细节。检查的时候可关注以下几点。

(1)是否用尺规等工具正确作图

如:画已知角,是否看对了量角器的内外圈刻度,是否对齐了 0 刻度线。

(2)测量或画图的数据误差是否太大

如:测量长度或角度,为了尽量避免误差较大,估测时一般取整数或取半数。

(3)完成后是否可以换一种方式进行验证

如:画一个与已知图形面积或周长相等的其他图形。画完后,数一数每条边的格数,标明长度,再计算出结果,和已知信息对照是否符合。

(4)是否关注细节和关键信息

如:画角有没有标角度?画路线是否标明角度和长度?题目要求的是周长还是面积?是顺时针还是逆时针旋转?

(5)作判断或预测,理由是否科学、合理

分析过程中的每个小结论都必须正确、合理,才能推理出正确、合理的结果,也就做到了有理有据。

4. 解决问题:记住 6 个问

为了有效纠错、提高正确率、培养良好的学习习惯,做完后可以对照以下内容检查或验算:

① 抄写数是否正确。

② 单位是否统一。

若单位不同,如厘米和米,不能直接相加减。

③ 尾数除不尽,问个为什么。

在小学阶段,除分数应用题外,解决实际问题的计算结果一般都是可以除得尽的,如果中间或末尾出现除不尽的结果,就要重新分析题意,确定算式是否正确、计算结果是否需考虑进一法或去尾法,或者计算错误等其他可能。

④ 计算结果是否写了单位。

忘记写或者写错单位,是试卷中容易忽视的问题。

⑤ 计算结果是否有悖于常识或生活实际。

可以联系生活实际或计算规律考虑,计算结果是否可行? 如,算身高,23米? 算人数,15.2 人? 需要考虑算式的意义、方法的正确性,计算是否正确,是否抄错。

⑥ 验算得数是否与原题意相符。

把求出的得数当作已知条件进行验算,验算后看看和原题是否相符,如不符合,应重新分析数量关系和算式的意义。

以此题为例:某队挖一条长 5.4 千米的引水渠,前 4 天每天挖 650 米,剩下的要 5 天挖完,平均每天挖多少米?

正确算式:$(1000 \times 5.4 - 650 \times 4) \div 5 = 560$（米）

验算:$650 \times 4 + 560 \times 5 = 5400$（米）5400 米 = 5.4 千米

错误算式一:$(5.4 - 650 \times 4) \div 5$

分析:$5.4 - 650 \times 4$ 减不了,再分析数量关系,发现 5.4 千米和 650 米单位不统一。

错误算式二:

$5400 \div (650 \times 4) \div 5$

$= 5400 \div 2600 \div 5$

$\approx 2.076 \div 5$

$= 0.4152$（米）

分析:中间计算出现除不尽的,应考虑算式对不对,又因为得数过小,更应考虑综合算式的意义与原题是否相符,这样也可以查出错误。

总之,以上这些检查方法大多是针对答题习惯的应试策略,但要想把题目

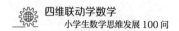
做对,更重要的还是先具备扎实的基础知识、正确审题的方法和正确计算的技能。在理解概念、能正确分析数量关系的基础上,再加上以上检查的四个要点,才能把本来会的题目保证做对,到了考场才能胸有成竹,临考不乱。

第 96 问

如何给孩子提供"会思考、能解题"的辅助材料?

要想让孩子学会思考、能正确解答数学问题,除了学会分析问题、解决问题的方法,还需要有选择、针对性地给孩子提供一些"看得见""摸得着"的有效辅助材料。利用辅助材料可以激发学生思维,实现正确解答问题的目的。现在社会上各类辅导书五花八门,网络上的解题软件也多如牛毛,他们大多只是给出了解题步骤和方法,有的甚至只有答案,这并不能为孩子们搭建起"会思考、能解题"的思维条件,所以在遇到难题时,孩子们往往无所适从。那么我们应该如何给孩子们提供适当有效的辅助材料,才能达到帮助孩子"会思考、能解题"的目的呢?

1. 注重选择"思考解题"辅助资料的针对性

因为社会上各类辅导材料鱼龙混杂,大多说得天花乱坠。有的家长为了提高孩子的解题能力,见到就买,一大堆资料放在孩子身边,孩子们没有时间和精力去鉴别、使用。其实,提高解题能力是一个循序渐进的过程,有时候需要一把钥匙开一把锁。选好这把"钥匙"很重要,许多启迪孩子解题思路的辅助材料就在身边,就在日常生活中,应用得好,对启迪孩子的数学思维很有价值。

比如,六年级探究立体图形的截面时,辅助材料有课件、三维动画和实物。看似最精美的课件和动画,孩子们很感兴趣且看得懂。但这只是为孩子们提供了一个正确的答案,并没有为孩子们的思维发展提供具体的方法和辅助。孩子

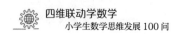

看得懂并不能代表真正理解了"截面的形状为什么是这样"。最有针对性的辅助材料还得是实物,让孩子们亲自动手切一切。动手操作的过程使平面图形和立体图形的联系在孩子的眼睛里、脑海里,清晰、具体地呈现出来。在解决问题的同时,帮助孩子建立起空间想象能力和空间观念,对数学思维的发展是不是更有价值呢?

2. 注重"设计"最优的解题辅助素材

为帮助孩子提高解题能力,不仅仅要选择有针对性的辅助材料,还要树立"设计"理念。有意识地设计一些有趣、有效的辅助材料,使之有利于孩子学会思考、正确解题。

以"两位小数的意义"的探究为例,看看不同的辅助素材对学生的思维发展有什么不同的影响。

"两位小数的意义"是在孩子已经理解了"一位小数的意义"的基础上来探究的。一位小数表示十分之几,如果把一张正方形纸看作"1",那把这张纸平均分成 10 份,每份是 $\frac{1}{10}$,也就是 0.1。(图 4-21)

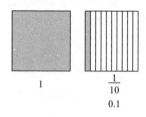

图 4-21

怎样由一位小数"快速过渡到"两位小数呢?我们可以给孩子们设计什么样的素材呢?

方案一:提供一张空白的正方形纸。

方案二:提供一张已平均分成 10 份的正方形纸。

方案三:提供一张已平均分成 100 份的正方形纸。

方案四:提供一个"半成品"——有部分涂色的且已平均分成 10 份的正方形纸。

这些不同的学习材料,会对孩子们的"思考和解题"有什么影响呢?你会选择哪一款呢?

方案一：提供一张空白的正方形纸。

任务要求：你能在这张纸上找出 0.01 吗？

看似给了孩子们很大的探究空间，根本不知道"0.01 为何物"的孩子们会怎么做呢？只提供了探究的可能，但没有辅助工具，没有在已有的知识基础上"搭个梯子"，对于完全不会动脑探究的孩子来说就是浪费时间。

方案二：提供一张已平均分成 10 份的正方形纸。

任务要求：你能在这张纸上找出 0.01 吗？

基于对 0.1 的认识，把 1 平均分成 10 份，那 0.01 呢？孩子们怎么根据 0.1 找到 0.01 呢？这样的素材有助于促使孩子进行深入思考：0.01 是不是把 0.1 再平均分成 10 份呢？和方案一相比，方案二让孩子们更有抓手，可以帮助思考解题。

方案三：提供一张已平均分成 100 份的正方形纸。（图 4-22）

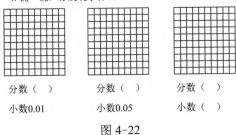

任务要求：
1. 涂一涂，表示0.01。
2. 涂一涂，表示0.05。
3. 涂一涂，表示一个两位小数。
4. 说一说，你发现了什么？

分数（　　）　　　分数（　　）　　　分数（　　）
小数0.01　　　　小数0.05　　　　小数（　　）

图 4-22

在看图填数过程中，孩子们根据方格纸和一位小数和分数的关系，很容易看懂 0.01 表示的意义。看似孩子们独立完成的解题过程，孩子们真的理解 0.01 了吗？通过涂一涂，孩子们看到了现成的 100 小格，两位小数就涂这样的几个小格，也仅限于理解到这一步了吧！实际上对孩子的数学思维的发展来说，和"直接告诉"没有太大差别。

这里我们的"会思考能解题"，不只是"做出正确答案"，还要实现孩子们思维能力的提升。如果想推动孩子们主动思考、会思考，我们就不能直接给分好 100 份的方格纸，那换一种研究素材，会怎样呢？

方案四：提供一个"半成品"——有部分涂色的且已平均分成 10 份的正方形纸。（图 4-23）

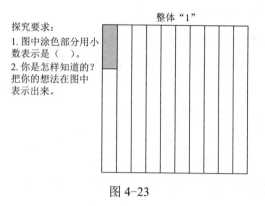

探究要求：
1. 图中涂色部分用小数表示是（　）。
2. 你是怎样知道的？把你的想法在图中表示出来。

整体"1"

图4-23

在解决这个问题的过程中，孩子们遇到了困难："不能由一位小数来表示涂色部分。那怎么办？""有困难"是"想办法"的前提，这个问题就是推动孩子们主动思考的导火索。孩子们在认识长度单位厘米时，也遇到过类似的困难，用分米表示不出来具体长度，就可以把1分米再细分成更小的单位。涂色部分比0.1还小，是不是也需要把0.1细分成更小的单位？

把0.1再平均分成10份，就相当于把1平均分成100份，每份是$\frac{1}{100}$，也就是0.01，涂色部分占了3份，也就是3个0.01，即0.03。（图4-24）

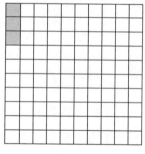

图4-24

"半成品"学习材料的提供是推动数学思维发展的第一步，"怎么发挥它的最大功效"是帮助孩子们真正理解"两位小数"的关键。

3.注重"反思"使用优质辅助素材的效果

为了实现优质辅助材料使用效率的最大化，还必须引导孩子对使用的辅助材料进行"反思"。一方面，让孩子养成科学使用辅助材料的习惯；另一方面，让孩子学会追根究底，辨析明理。

借助以上方案四的"半成品",我们该引导孩子反思什么呢?

孩子自主完成后,该反思哪些问题呢?

为什么是 0.03,而不是 0.01?

0.03 表示把"1"平均分成 100 份,涂色部分占其中的 3 份。

0.01 表示把"1"平均分成 100 份,涂色部分占其中的 1 份。显然涂色部分不止 1 份那么小。

要把 0.1 再继续分,但是到底把 0.1 平均分成几份才合理呢?

把 0.1 平均分成 10 份合理。这样才是零点零几,就是要平均分成 100 份。

怎么想到要把 0.1 再平均分成 10 份?

原来不到整体 1 时,是把"1"平均分成 10 份,现在不到 0.1,也应该把 0.1 平均分成 10 份。所以,整体 1 就被平均分成了 100 份。

0.03 的意义是 3 个 0.01,还是 0.1 的 $\frac{1}{3}$?

把 0.1 平均分成 3 份,其中一份的大小和涂色部分还是有差距的。把 0.1 平均分成 3 份,就相当于把 1 平均分成了 30 份,每份是 $\frac{1}{30}$,可不是 0.01。(图 4-25)

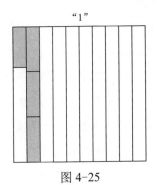

"1"

图 4-25

对于主观表达,通过不断反思,为正确答案找到科学依据。通过类推,得到结果涂色部分是 0.03。

层层推理,步步反思。培养孩子们对每一个想法的质疑、反思、论证,正确推理通往答案的每一个结论。"最优"的素材、精心地"设计"和"有效"地反思,有助于孩子们"学会思考去解题",最终实现"发展数学思维、提升数学素养"的大目标。

第 **97** 问

你知道孩子练习口算也有"捷径"吗？

又算错了，计算太不熟练了，继续练！

计算天天练，到底得练多少道啊？

……………

到底有没有练习的窍门呢？

你有没有尝试过寻找练习口算的"捷径"？通过"最少量"的练习可以快速提高口算的正确率和速度，有没有这样的"捷径"呢？

20以内的加减法是小学阶段加减法计算的基础，孩子最好能熟练到对答如流的"记忆"程度。对于10以内的不进位加法，这个目标的达成并不困难，但20以内的加减法那可就多了，你能练全吗？我们以20以内的进位加法为例，一起来梳理一下，20以内的进位加法到底有多少道。

第一步：我们先把20以内的进位加法整理出来。（图4-26）

9+2=11	8+3=11	8+9=17	7+5=12	7+8=15
7+9=16	9+3=12	9+7=16	7+4=11	6+5=11
9+4=13	9+5=14	8+4=12	7+6=13	6+6=12
9+6=15	6+7=13	8+5=13	6+8=14	6+9=15
8+6=14	9+8=17	9+9=18	5+6=11	5+7=12
5+8=13	8+7=15	8+8=16	5+9=14	4+7=11
7+7=14	4+8=12	4+9=13	3+8=11	3+9=12
2+9=11				

图4-26

这样"密密麻麻"放在一起,看不出是不是整理全了,而且不利于孩子利用这张表进行计算训练。

第二步:我们可以对它们进行初步的整理。

整理后的表格既便于孩子发现规律,又可以用规律来进行计算。我们可以通过游戏的形式来整理,先找到"家族"算式,如"9 + 几"的放在一栋楼,"8 + 几"的放在一栋楼。(图4-27)

9+2=11	8+3=11	7+4=11	6+5=11	5+6=11	4+7=11	3+8=11	2+9=11
9+3=12	8+4=12	7+5=12	6+6=12	5+7=12	4+8=12	3+9=12	
9+4=13	8+5=13	7+6=13	6+7=13	5+8=13	4+9=13		
9+5=14	8+6=14	7+7=14	6+8=14	5+9=14			
9+6=15	8+7=15	7+8=15	6+9=15				
9+7=16	8+8=16	7+9=16					
9+8=17	8+9=17						
9+9=18							

图 4-27

20以内的进位加法原来有36道,是不是有点多呢,还可以简化吗?

第三步:我们继续来整理,精简算式。

再看看住在"楼"里面的算式,你发现了什么?有"双胞胎"吗?比如:9 + 2 = 11和2 + 9 = 11,我们就可以简化成一道了,所以我们可以继续简化。(图4-28)

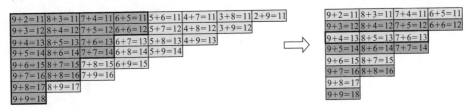

图 4-28

精简后,20以内的进位加法原来只需要练习20道就可以了,练好这20道,20以内的进位加法就没有任何问题了,是不是非常有信心练习了呢!

第四步:我们用"捷径"练好口算。

现在,我们可以让这张表发挥到它的最大用处了,比如竖着看:

"9 + 几"的算式,另一个加数拿出"1"和"9"凑十,和的个位就是比另一个加数少1,利用这个规律是不是可以加快计算的速度了呢? 9 + 7 = 16,和中的个位6比加数7少1;"8 + 几"的算式,和的个位少2;"7 + 几"的算式,

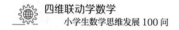
和的个位少 3……（图 4-29）

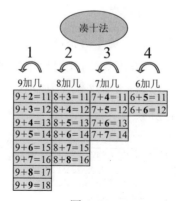

图 4-29

看来，对知识进行适当的归纳整理，使之条理化、系统化，可以帮我们锁定关键知识，抓住我们需要掌握的核心和重点。同学们也可以像这样，自己整理一下 20 以内的退位减法，探究一下 20 以内的退位减法有多少道。

第 **98** 问

孩子试卷上的错出在哪里?

每次考试过后,加强对试卷的分析、评价、反馈,对提高孩子的学习效能,具有举足轻重的作用。因为在考试之前,老师出的每一道试题,都是经过精心设计的,目的在于检验孩子对各个知识点掌握的程度。考试之后对试卷答案进行分析,是评价孩子学习质量最直接、最有效的方法,也是一座联通"教与学"的桥梁。它不仅可以发现孩子平时学习作业中不易发现的问题,还可以及时解决和填补平时学习中知识的缺陷与漏洞。

那么,考试过后,拿到试卷怎么办?是看到孩子考了高分,一阵惊喜后给点"奖励"了事,还是看到孩子没有考好,一通批评,甚至棍棒"伺候"?其实这都不是好办法。最佳方式是认真分析试卷,查漏补缺,看看错出在哪里了,把知识上的漏网之"鱼"抓回来。

1. 如何对待孩子"丢分"

考试的时候孩子们"丢分"其实是一种正常现象。因为每个孩子智力、努力程度也有差别,而且与考试现场的条件、环境以及孩子们当时的情绪也有直接的关系。我们不能要求孩子们都是高分,同时考试时的"丢分"在某种程度上也不完全是"坏事"。通过试卷我们可以发现孩子们知识的缺失点,亡羊补牢,还可以把学习推进一步。因此无论是单元检测、专项检测,还是期末检测等,当孩子们拿到批阅完的试卷后,我们应静下心来引导孩子对试卷的错进行

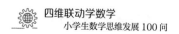

整体分析。看一看试卷题目类型、不同单元题目占比、哪些回答正确、哪些出现错误，并与先前试卷的答题情况进行比较。为找出"丢分"的知识的漏洞，要把做错的题重新"抄一遍，做一遍"，详细写出正确过程和答案。特别是对难题不能放过，应向老师请教，根据老师讲解，理清解题思路，牢记于心。

2. 关节点上防"丢分"

在教学实践中，通过对大量的试卷进行定性、定量分析，孩子们的试卷"丢分"，有5个关节点值得注意。

（1）"审题不清"丢分

题目明明会做，白白丢了分。究其根本，有的审题出现失误，看错或忽视了关键词；有的相似概念辨析不清；有的没看清问题是什么就下笔，数量间的关系不清晰。

（2）"计算出错"丢分

列对算式，算错得数；运算符号看不清、运算顺序凭感觉；抄数漏掉小数点；盲目自信，不用演算本，用眼检查不动笔。

（3）"不拘小节"丢分

有的是结果正确，但因答题不规范而失分；有的字迹潦草，自己都看不清；解、设、单位写不写看心情；答语写不完整；自动略去小括号里的提示语。

（4）"知识掌握不牢"丢分

平时对知识点的记忆不准确，概念不清晰，解题方法不明确，理解不透彻，举一反三应用不自如，答题时就会不完整、不准确，对答案不确定。

（5）"完全不会"丢分

没见过的题型或者知识点，根本就不会，或者是文字较长的阅读类题目，没有耐心读题，只当自己全不会，乱写、乱蒙或者空题。

3. 补齐短板避免再"丢分"

孩子在试卷上丢分不要紧，关键是要防止"在同一个地方跌倒"，有的孩子在某些知识点上容易犯重复性错误，就需要对知识点和错因分类，有重点、有针对性地补短板，反复练。

（1）分知识点，找"仿例"练习

错什么，练什么。例如，孩子经常错的是两位数 × 两位数（有进位的），那

就找两位数 × 两位数的计算来练习。把错题本上出现过的错题,都这样分类复习,既不会用太长时间,又能有针对性地解决某一个知识短板。

(2) 计算专项,分错因攻克

计算是数学检测中的重中之重。大多数孩子不是不会,却总是丢分。例如,有的计算错误的原因就出在加法没有加上进位,或减法退位点没点上而忘了退位,等等。找好每一类计算错误的原因,再找几道同类型题练习,直到同类计算正确率几乎达到 100%,那说明这个计算短板就补上了。

(3) 由易到难,循序渐进理思路

遵循先易后难的原则,逐步增加习题的难度。为了提高"补漏洞"的效率,还可以说清解题思路、分析解题方法,这就是"费曼学习法"。通过用简短的语言,向别人清楚地解说一件事来检验自己是否真的弄懂了。通过"以教促学"的方式让人在短时间内掌握知识,并且快速吸收信息。

通过这些方法分析试卷,查漏补缺,就是要把考试当成学习的加油站、助力器,达到"考一次,进一步",让孩子更优秀。

第 **99** 问

让孩子数学开"窍",实现思维发展目标之 "门"是什么?

核心素养,是以培养"全面发展的人"为根本的出发点和最终归宿,这是新时期教育的育人目标。但是,数学形态给孩子的直觉又总是枯燥和迷茫的,孩子存在许多入门的困惑。这就要求我们围绕此目标,相应地对学习方式进行根本性的变革,让孩子们的心灵开"窍"。

然而,我们要开这个"窍"的"门"到底在哪里?纵观我们的教育实施过程与体系,不难发现,凡是名师、专家和有教学一线实际经验的优秀教学工作者都会告诉你,这个"门"就在课堂,就在教育者重视数学思维发展的多角度的关联性上。开门的钥匙就在老师的手中,就看你用何种理念和技艺,去打开这扇"门"。

1."融情启智",理解数学教学的灵魂

"融情启智"这四个字虽然涵盖不了数学教学的全部要求与范围。但是"融情启智"的确具有朴实而深沉的含义。"情"是开启孩子智慧潜能之门的钥匙。在教学过程中,你对孩子有深情,对教学有情怀,在启迪孩子们的智慧上的威力就是无穷的。这也无疑是提高教学效能的灵魂所在。著名学者开尔文说过:"别把数学想象为硬邦邦的、死绞蛮缠的、令人讨厌的、有悖于常识的东西,它只不过是赋予常识以灵性的东西。"数学传递的是智慧,我们要把这个有灵性、有智慧的东西传递给孩子,就需要注入真情实感,就要"融情启智"。

要做到"融情启智",就需要老师依托情感的因素,去拉近孩子们和老师心灵的距离,去唤醒孩子们沉睡的灵感,这样才能让数字拨动孩子们的心弦,使他们更乐于接受和自主追求数学的真谛,从而点燃智慧光芒。

作为一个数学老师,你对孩子的情感是建立在具有数学情怀的基础上的。只有你对数学专业有深沉的热爱与追求,才能把每一个孩子都看作自己的亲人,千方百计地去实现育人解惑的教学目标。如果把教学仅仅看作在履行几节课的任务,而不下真功夫去钻研,是很难让数学教学变得更精彩、更美丽的。

我们对数学的情怀、对孩子的情感应该贯穿于教学的全过程,并以此作为数学教学的灵魂去追求。这要求我们做到三用:"用爱心浇灌爱心、用智慧启迪智慧、用勤奋培育勤奋",使"融情启智"回归到数学教育的本源,并且最深沉、最直接、最有效地落实到每一个孩子身上。

2."深研学情",让数学教学具有针对性

学生是数学学习的主角,是数学课堂的主人。维果斯基曾说过:"学生不是空着脑袋走进教室的。"学生学习新知识时,都会带有原有经验。学生的原有知识、技能和态度就是学生的起点水平,因此应设计适合每个学生学习的教学过程。而且,学生思考同一数学问题时的思维路径不尽相同。教师通过学情了解了学生的学习风格、认知差异,就能有针对性地选择教学策略。因此,学情分析是确定教学目标的基础,是选择教学方法、教学策略,安排教学活动的依据。

学情分析是一项复杂、长期的任务,尤其是对学生学习风格的了解与分析,主要依靠平时的积累。因此,数学设计前期的学情分析不必面面俱到,可以针对教学任务、教学内容的主要特点及学习的重难点,进行选择性、精准化的分析。学情分析可以放在单元备课时进行,因为每一单元都有一个明确的主题,内容比较集中。学情分析的主要内容有已有知识技能、学生的认知发展水平、学习动机及态度及学习方法与习惯等。学情分析的常用方法有观察法、谈话法、问卷法、调查法、情境表现法等。

3."关注过程",经历思维发展的有意义学习

以培养孩子核心素养为根本追求的教学,应调动多个方面的知识与技艺,在孩子的心灵上打下"快乐数学"的印记。要注重在老师的引领下,让孩子能

够围绕着具有挑战性的学习主题和学习兴趣点，积极参与到数学学习中。哪怕有百分之一的进步，也要做百分之百的肯定，使孩子能够一点一滴体验到成功的喜悦，获得和经历思维发展的有意义的学习过程。

在打开孩子数学思维发展的"窍门"，提升孩子的综合素养中，还应该通过深度学习的教学过程，引导孩子注重"质疑冲突"，在经历有意义、在质疑和解决冲突的成功过程中，培育联想性思维、批判性思维、迁移类推性思维的能力，学会应用知识解决更多的实际问题，以促进深度学习的真实发生，把握所学内容的数学本质，实现教育者所企望的思维发展目标。

在上述过程中，我们还要尽可能多地让孩子去掌握学科的核心知识，参与学习的过程，把握学科的本质及思想方法，从而形成积极的内在学习动机、高级的社会性情感、积极的进取态度、正确的价值观念，成为既具独立性、批判性、创造性，又具有合作精神的、健康积极的学习型人格特征。

第100问

如何提问才能引发孩子的深入思考?

经常有老师或家长问我如何培养孩子的数学思维?数学思维的培养肯定不是一朝一夕的事情,我们不妨就从数学思考开始吧!提出问题是诱发孩子数学思考的方式之一,但问题的设计要巧妙,要具有价值,不要让问题流于形式。一部电视剧里有一段演员对话,非常触动我,分享给大家。

明兰:都看完了?看完了,那你们谁先说?

蓉姐儿:我看了账目五日,又花了两日核查,有一处额外不解,府内每年向外买粮,不过两三回,可这账上写的,每回都比上回贵。若说春夏节气不同,才致贵贱之分,可我比对过了,便是同样月份,也是回回比上回贵的,这里头分明有鬼。

明兰:娴姐儿,你是姐姐,你觉得呢?

娴姐儿:我觉这持家不该过严,若是寸寸计较,连散碎银子都不放,怕是会因小失大,还有……

蓉姐儿:我有想不到的,姐姐只管说。

娴姐儿:我比对了附册,瞧见这几年涝灾粮贵,又听人说涝灾害三年,虽说可能是推托之词,但也有可能是真的,我觉着这也得好好考虑考虑才是。

明兰:蓉姐儿,你觉得她说的是真的吗?

蓉姐儿:我和姐姐商量过了,觉得像推脱之词。

明兰:那你们可有去求证过?

娴姐儿:这都是几十年前的账簿了,可怎么求证啊?

明兰:那你们想想看,该怎么求证呢? 想好了,再来回我的话。

通过读她们的对话,你有没有什么感悟? 问题有以下四种类型。第一,用于收集信息的问题。孩子只需要回忆事实、定义等陈述性知识或程序性知识,如计算长方形周长的公式是什么? 第二,用于探究思维的问题。孩子解释或阐明观点,包括讲清楚解题步骤或完整的解答方案,如198应该如何表示? 第三,用于促进数学对象间联系的问题。孩子讨论数学结构和数学知识间的联系,如对比两个表格你发现了什么? 第四,用于促进反思和论证的问题。孩子揭示关于他们推理和解答的更深层次的理解,包括论证解答的合理性,如对于类似的问题我们应该怎么解决。

电视剧这个片段显然包含了第四种问题,明兰自始至终没有给两个丫头结论,而是让她们互相表达自己的理解,通过自我的论证走向深入。这就如同数学问题的设计,应该是利用问题支架,步步深入,引发学生的深度思考。

从片段中一对姐妹的表现我们还可以看出,要引发孩子们的数学思考,提问的技巧固然重要,孩子的体验经历也是必不可少的,也就是孩子脑海中思考的素材。没有体验的提问如空中楼阁,巧妇难为无米之炊。

后　记

《四维联动学数学:小学生数学思维发展100问》一书是我撰写的第二部作品,它的出版,带有顺势而成的偶然因素。我的第一部著作《四维联动学数学:一位小学教研员30年深度教学手记》出版后,获得了读者们的厚爱与信任,许多读者找我咨询切身遇到的数学问题。于是我便注册了公众号"青溪小站"给予回复,得到了众多网友的青睐。因为能帮助到大家,我也乐此不疲地做着这件事,很快形成了100问。

我国著名的数学教育专家吴正宪老师读到了这100问,她认为文章比较接地气,很有实际应用价值,建议结集出版,并多次和我长谈,耳提面命,给予我可贵的引领和极大的鼓舞,我便整理好文稿送到了中国海洋大学出版社,得到了他们的重视与支持,旋即签约、立项,进入编辑出版程序,我的这本书才得以面世。

虽然这本书只是我对读者提出的数学问题的真诚回复,但其深处也隐含着我的数学教学情怀与眷恋。对于小学数学的热爱和珍惜,之于我,一直是渗透于骨子里的东西。那些数理上或冷峻或跳跃的字符,孩子们或期盼或迷茫的眼神,总是时刻紧紧地围绕着我,而我也甘愿沉迷其中,且抱着几分固执,认为这就是对我的生活、我的世界、我的灵魂最好的诠释。因为对于生命的价值而言,每个人都有不同的理解,各有千秋,无所谓高下。而我对小学数学的钟情,便是一种无法舍弃的宿命。这也是我写《四维联动学数学：小学生数学思维发展100问》的原因。

在数学教学和研究领域，我几十年来一直在不断地探索积累。教学实践中常常见到家长、老师、孩子为一些看似不起眼，又很难回答的数学小问题而困惑。作为一个数学教学研究者，我有责任为之解难。于是我潜心把教学生涯中那些零星散落在数学课堂上即时生成的数学题解精粹，以及孩子们迸发出的心灵火花叠集一起，意在形成一盏照亮思维的路灯，引导孩子们在迷茫之处正确前行。这种铭刻于心的价值追求，也成了我生命的重要支柱。

当我完成了《四维联动学数学：小学生数学思维发展100问》的时候，我释怀了，平静了。我相信，总会有人和我的心灵是相通的。如果书面世后，能够对部分老师、家长的数学教育，对部分孩子的数学学习有一点启迪或帮助，那也说明我的坚持和付出是值得的。

学，然后知不足。随着对小学数学的研究与实践的深入，我越来越感到自己的知识不够用。在创作本书的过程中，因受制于自己思想和笔力的局限，许多问题的回答也不一定准确，甚至有错误，真诚希望得到读者的宽容和指正。

这100问中所涉及的数学问题，与生活实践、人文地理、社会科学等多方面的知识紧密相连，遇到的许多写作瓶颈常常靠我一人之力难于突破。好在我的周围有很多研究数学的师长和著名专家学者给予指点，也有很多一直默默耕耘在数学教学一线的年轻有为的老师给予支持。他们对于数学的热爱、对于心灵家园的坚守，让我敬佩，这不仅带给了我坚持写下去的信心和力量，还给了我许多实实在在的帮助。其中，中国海洋大学孙艳霞博士对文稿提出了宝贵的建议；纪实文学作家卢浪秋老师对全书的每一篇文稿都进行了精心的编辑、整理和润色；在教学一线具有丰富教学经验的李盼、张燕、江晓腾、高岩、刘菁、王楷为、张洪乾、周好、王炯嘉、吴姣、杭伟等老师参与了本书问题解答的研究讨论和提炼校改。在此，对所有给予我支持、鼓励、帮助的人表达深深的谢意。

梁青

2023 年 9 月 10 日